Cost Accounting

原価計算ガイダンス 第2版

柳田 仁 [編著]

荒井義則・今村　聡・江頭幸代・大原昌明・竹森一正
田代景子・中村義彦・長岡　正・船越洋之 [著]

中央経済社

執筆者・分担一覧

柳田　仁 （神奈川大学名誉教授）		I，II，III，IV
荒井　義則 （埼玉女子短期大学）		V，VI
今村　聡 （北海学園大学）		IX
船越　洋之 （武蔵野大学）		IV（補訂），X，XI
江頭　幸代 （関東学院大学）		XII
大原　昌明 （北星学園大学）		XIII
中村　義彦 （元浜松大学）		XIV，XV
田代　景子 （東海学園大学）		VIII，XVI
竹森　一正 （中部大学名誉教授）		XVII
長岡　正 （札幌学院大学）		VII，XVIII

は じ め に

　今回の改訂では，新たに参加していただいた今村，大原の両教授を含め総勢10名の共著で原価計算論のテキストを刊行することになりました。執筆者は，今が旬の中堅，さらにこの道30年以上のベテラン研究者まで多彩であります。

　「原価計算」という名称からして難解なイメージがあります。特に，文系の学生にとって「計算」という用語が入っているということで，拒否反応を起こす人もいるかもしれません。しかし，本書が対象とする基礎的領域では，加減乗除および比例配分程度の「算数」（小学校4年生で習得済み）しか必要としません。

　また，読者として大学・短大・専門学校，高校で初めて原価計算論を学ぶ学生，日本商工会議所主催「簿記検定試験」（2級）を受験しようとする人・社会人等を想定しています。

　本書の内容は，理論的部分が70％，計算部分が30％ですので，「簿記検定」の受験を考えている人は，本書で基礎理論と基本的問題の解き方を会得してから試験用の問題集を勉強するとより効率的です。

　本書の構成は，おおむね原価計算のルール集である『原価計算基準』に沿っています。すなわち，初めに原価計算上の基礎的知識を学び，つづいて実際原価計算の計算手続きに入ります。実際原価計算の第1ステップは費目別計算です。費目別計算では，原価を発生形態別に材料費，労務費，経費の3要素に分けて計算します。その第2ステップは，原価の発生場所別に計算する部門別計算です。その第3ステップは，製品別計算です。

　製品別計算は，生産形態が注文生産か，見込生産かによって個別原価計算と総合原価計算に分かれます。後者は，さらに単純総合原価計算，組別総合原価計算，等級別総合原価計算および工程別総合原価計算等に分類できます。本書ではこれらの計算に関する理論を学ぶと同時に，それらに関して計算演習もします。

　実際原価計算を学んだ後は，事前原価計算の一部である標準原価計算に進みます。この原価計算は，原価管理を主たる目的とする原価計算です。次の直接

原価計算は，利益計画策定に役立つ原価計算です。最後は，営業費会計です。

　本書をじっくり，反復して勉強することで，是非，原価計算論（一部工業簿記を含む）という学問をマスターしてください。そして本書で原価計算という武器を身に付けることによって，今まで解けなかった難題・難問に挑戦されるよう期待しております。

平成30年6月吉日

編者　柳田　仁

目 次

はじめに

Ⅰ 工業簿記・原価計算の意義と目的 …………… 1
1 メーカーの資金循環過程と経営活動／1
2 工業簿記と原価計算との関係／2
3 原価計算の目的／2

Ⅱ 原価の諸概念と分類 …………… 9
1 原価の本質および原価外項目等／9
2 原価計算制度における原価の諸概念／12
3 原価計算制度における原価の分類／13

Ⅲ 原価計算の体系 …………… 19
1 原価計算の体系図／19
2 原価計算制度／19
3 特殊原価調査／20

Ⅳ 原価計算基準および原価計算に関する基本事項等 …………… 21
1 原価計算基準／21
2 原価計算の方法に関する基本事項とその手続／24

Ⅴ 材料費 …………… 33
1 材料費／33

    2 材料の購入／33
    3 材料副費／34
    4 材料費の計算／35
    5 消費数量の計算／35
    6 消費単価の計算：原価法／36
    7 消費単価の計算：予定価格法／41

VI 労務費 …… 45

    1 労務費／45
    2 支払賃金／45
    3 原価計算期間と給与計算期間のズレ／46
    4 消費賃金／47
    5 予定消費賃率を用いた計算／48

VII 経費の計算 …… 53

    1 経費の定義／53
    2 経費の分類／53
    3 経費の集計／55

VIII 製造間接費の計算 …… 57

    1 製造間接費の配賦計算と予定配賦／57
    2 製造間接費の記帳／58

IX 原価の部門別計算 …… 67

    1 部門別計算の意義と目的／67
    2 原価部門の設定／67

3　部門別計算の手続／68
　　　4　製造部門費の製品への配賦／76

X　総合原価計算（その1）……………………………81

　　　1　総合原価計算の特徴／81
　　　2　総合原価計算の種類／81
　　　3　単純総合原価計算の計算原理(1)／82
　　　4　単純総合原価計算の計算原理(2)／86
　　　5　総合原価計算における減損と仕損の処理／93

XI　総合原価計算（その2）
　　―組別総合原価計算と等級別総合原価計算―……………101

　　　1　組別総合原価計算／101
　　　2　等級別総合原価計算／105

XII　総合原価計算（その3）
　　―工程別総合原価計算―………………………………109

　　　1　工程別総合原価計算の目的／109
　　　2　工程別総合原価計算の手続／109

XIII　個別原価計算……………………………………123

　　　1　個別原価計算の特徴／123
　　　2　個別原価計算の計算手続／124
　　　3　個別原価計算における仕損の処理／129
　　　4　作業くずの処理／131

XIV 標準原価計算（その1） ……………………………… 139

 1 標準原価計算とは／139
 2 標準原価計算の目的／139
 3 標準原価計算の手続／140
 4 原価標準の設定／140
 5 標準原価の計算／143
 6 実際原価の計算／146
 7 標準原価計算の記帳法／147

XV 標準原価計算（その2） ……………………………… 155

 1 原価差異の計算の分析／155

XVI 直接原価計算 ……………………………………………… 171

 1 直接原価計算とは／171
 2 直接原価計算と全部原価計算による
   損益計算書の違い／172
 3 固定費調整／175
 4 原価分析と原価予測／177
 5 CVP分析／178

XVII 営業費会計 …………………………………………………… 183

 1 営業費会計の意義／183
 2 営業費会計の計算体系─研究開発費の場合─／185
 3 営業費会計の計算体系─物流費の場合─／189

 ●参考図書／199
 索 引／201

工業簿記・原価計算の意義と目的

1　メーカーの資金循環過程と経営活動

　製鉄業，自動車産業，精密機械工業等のようなメーカー（製造業または工業経営）・サービス業においても商業経営と同様に，最初は経営活動に必要な資金を調達します。その資金で外部から必要な原材料・部品，生産設備等を購入・取得し，提供された労働用役，諸役務を消費して，製品・サービスの生産・販売を行って投下額以上の資金回収をすることを目的としています。この関係を図示すれば，図表1-1のとおりです。

図表1-1　メーカー（製造業）の経営活動と資金循環

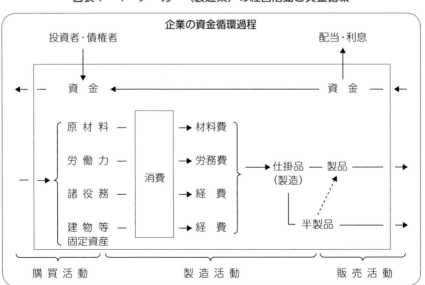

2　工業簿記と原価計算との関係

　工業簿記は，複式簿記の原理を工業経営の会計に適用したものであります。工業経営では，内部活動のほかに外部活動を行うために，その両活動の記録・計算を行います。

　内部活動，すなわち製品・サービスの産出過程では，そこで消費された材料費，労務費，諸経費を一定の方法で計算し，製品・サービスの原価を集計することが必要です。また，外部活動，すなわち原材料等の購入および製品・サービスの販売においてもコストの計算が必要です。

　これに対して，原価計算は，必ずしも複式簿記によらず原材料の投入から製品・サービスの産出までの記録・計算ならびに管理を行います。この原価計算においては統計や図表を使用することもできます。

　工業簿記・原価計算においては，主に内部活動によって生じる内部取引の記録・計算に焦点をあて，外部取引の記録・計算は副次的なもので，その処理はむしろ商業簿記に任せます。

3　原価計算の目的

　原価計算の目的に関しては，時代，団体・個人による種々の見解がありますが，本節では，最も一般的な見解である我が国『原価計算基準』におけるものを中心に説明します。

　昭和37年11月に，旧大蔵省企業会計審議会（第4部会座長・中西寅雄）から発表された『原価計算基準』（以下，『基準』）によれば，次の5項目の目的があります。

(1)　**財務諸表作成に必要な原価資料の提供**

　原価計算の目的の1つとして，企業の出資者，債権者，経営者等のために，過去の一定期間における損益ならびに期末時点における財政状態を表示する際に，その原価資料を提供することです。

例えば，損益計算書においては期首製品棚卸高，当期製品製造原価，期末製品棚卸高を算定することで，売上原価の計算が可能となります。また，貸借対照表上の製品，半製品，仕掛品の評価額も原価計算の結果から得られます。なお，販売費および一般管理費の集計額は，損益計算書の期間費用となります。

(2) 価格計算に必要な原価資料の提供

これは古くて新しい目的です。ドイツの原価計算は，価格決定という目的から発祥したといいます。すなわち19世紀，欧州諸国は現在の中東・アフリカ諸国のように戦争・紛争に明け暮れておりました。それ故，国家当局は，戦争に勝つために最新兵器を調達しなければなりませんでした。その際，国家当局が兵器製造業者から兵器を購入する調達価額をいかほどにするかということが問題となります。そこで国家当局は，兵器製造業者に当該製品製造のためにどれほどの原価を消費したかを計算させ，それを基準に一定の利益を付加したものを調達価格としたといいます。

しかし，現代資本主義下の自由主義市場経済では製品・サービスの販売価格は，需要と供給との関係で決まることが多い。したがって，個々の企業が原価計算によって算定した総原価にその企業の必要とする利益をプラスして決定した価格では，市場で通用しないことさえあります。

しかしながら，以下のような場合において，原価計算は依然として価格決定のために役立っています。

① 市場価格の存在しない製品等の場合

受注製品，新製品，高級製品等を製造する場合がこれに該当する。かつて，『仏エルメス社の高級な世界戦略』（日本経済新聞）で次のような記事が紹介されていました。「エルメス社が新しい方法や模様のネクタイ，スカーフの生産に踏み切る場合，新製品の販売価格を最初からいくらに抑えるといった配慮は一切なく，製品が完成した段階で発生したコストをもとに販売価格を決定する」[i]（一部筆者修正）という。

② ある製品の販売価格の最低限をいかほどにするかを決定する場合

供給過剰な製品や市場価格の下落製品の販売価格を，どの程度まで引き下げても採算上，問題がないか否かを決定する場合です。

③　原価計算によって決定した価格設定が消費者に説得力がある場合

　当該製品には，これだけの原価を要するからそれに適正利益を加えて価格はこうなるというように生産者から消費者に説明されれば納得せざるを得なくなるからです。オイルショックの頃，洗剤やトイレットペーパーの需要があまりに多く供給が追い付かなかったために，それらの価格が高騰したことがあります。その当時，マスコミでは原価，原価計算の公開がしばしば叫ばれました。

　さらに，この価格決定の目的には，事業部制を採用している企業内の振替価格の決定ということも含まれます。

(3)　経営管理者に対して原価管理に必要な原価資料の提供

　『原価計算基準』によれば，原価管理とは，①原価の標準を設定してこれを指示し，②原価の実際の発生額を計算記録し，③これを標準と比較して，④その差異の原因を分析し，⑤これに関する資料を経営管理者に報告し，⑥原価能率を増進する措置を講ずることをいいます。

　この目的は，F. W. テーラーの科学的管理法，E. シュマーレンバッハの見解等に影響を受けたもので，現在，最も重要視されています。

　統制経済から自由主義経済に移行すると，企業間競争激化の結果，経営合理化が要請され，その一環として原価管理の役割が注目されるようになりました。

　なお，古典的見解であるAAA（American Accounting Association, アメリカ会計学会）の『原価概念および原価基準に関する委員会報告書』（1951年）では，次のようなプロセスで原価管理を実施するよう要請しています。

①　経営者は，原価の発生および管理についての責任を検討すること。

②　経営実施活動の能率を最も有効に測定するために原価標準を設定すること。

③　標準との関係における執行活動の測定を可能ならしめるために，実際に発生した原価を集計すること。

④　標準原価と実際原価とを比較して，その原価差異を分析すること。

⑤　原価差異をその基礎にある原因によって表示し説明するとともに，その帰属を明確にすること。

⑥　報告制度では，各階層の管理者に対して標準との関連における経営執行

活動測定の結果を提供すること。
⑦　原価計算担当者は管理者によってなされた措置をフォロー・アップすべきこと。

(4)　予算編成ならびに予算統制のために必要な原価資料の提供

『原価計算基準』によれば，予算とは，予算期間における企業の各業務分野の具体的な計画を貨幣換算表示し，これを総合編成したものをいい，予算期間における企業の利益目標を表示し，各業務分野の諸活動を調整し，企業全般にわたる総合的管理の用具となるものであります。予算は，業務執行に関する総合的な期間計画であるが，予算編成の過程は，例えば製品組み合わせの決定，部品を自製するか外注するかの決定，個々の選択的事項に関する意思決定も含んでおります。

すべての予算は，費用（および原価）に関する計画と，収益に関する計画から組み立てられており，費用予算は特に原価資料にもとづいて編成されます。

予算は計画と統制の二重の目的に役立っています。例えば，製造予算は，将来の生産のための材料，労力，電力その他のサービスの所要量，操業度，生産高および製品組み合わせ等の必要事項を決定するとともに，予算目標にもとづいて生産活動を調整し，さらに予算と実績とを比較することによって，業績を評価し，経営諸部門の活動を管理します[ii]。

要するに，予算による統制，特に費用予算では，実績原価との比較，分析を通して執行能率の測定が行われます。この場合，実績原価は予算制度における費目および区分にしたがって集計されなければなりません[iii]。

(5)　経営の基本計画設定に必要な原価資料の提供

ここで経営の基本計画とは，経済の動態的変化に適応して，経営の給付目的である製品，経営立地，生産設備等経営構造に関する基本的事項について，経営意思を決定し，経営構造を合理的に組成することをいいます。このような基本計画は，業務計画とは異なり，経常的に繰り返して行われる計画ではなく，随時的な計画として行われます。例えば，設備投資実施の是非，工場建設用地の選定，新製品開発の是非，販売ルートの検討等の個別的な決定に際し，原価

計算資料が活用されます。

　このような目的は，自由主義経済下で予測できるリスクを経営計画の中に織り込み，不確実な要素をできるだけ排除しようとするものです。

　以上が『基準』で挙げている５つの原価計算の目的です。これらの目的は，さらに２つにまとめることができます。すなわち，Ａ）企業の外部利害関係者に役立つ財務会計目的とＢ）企業の内部利害関係者に役立つ管理会計目的です。

財務会計目的に属するもの
　　　財務諸表作成目的
　　　予算編成・統制目的
管理会計目的に属するもの
　　　原価管理目的
　　　経営の基本計画設定目的
　　　価格計算目的

　財務諸表の作成が過去計算であるのに対して，予算は将来計算であり，ただ時期的相違にすぎないとしてＡ）に，また売価決定は，結局，経営計画の一部であるとしてＢ）にそれぞれ入れています[iv]。

　なお，我が国の『原価計算基準』に多大の影響を及ぼしたAAA1951年度委員会の示した原価計算の目的を挙げると，以下の通りです。

　ア）財務諸表の作成に必要な原価の集計を行うこと。
　イ）各階層の経営管理者に対して，経営上の種々の決定およびその方針決定に必要な原価情報の提供
　ハ）経営管理者に対して，経営上の種々の決定およびその方針決定に必要な原価情報の提供

以上です。

I 工業簿記・原価計算の意義と目的

> **例題 1 − 1**　我が国『原価計算基準』で列挙されている原価計算の目的を 5 項目挙げ，それらの項目を 2 つに大別しなさい。

> **解　答**

原価計算の目的の項参照

> **例題 1 − 2**　原価計算の目的に関連して，次の文章の番号部分に適当な用語を埋めなさい。

　原価計算の目的で現在，最も重要なものは，（　1　）目的である。資本主義的大量生産が一般化する以前は，（　2　）目的が重視された。しかし，同種大量生産によって商品が市場に溢れるようになると，（　3　）が価格を決定するための資料として活用される機会は少なくなった。むしろ価格は，（　4　）と需要との関係で決まることになる。しかしながら，（　5　），（　6　）の販売価格の決定，消費者の（　7　）を得るためには原価計算は重要な用具である。

> **解　答**

(1)　原価管理，(2)　価格決定，(3)　原価，(4)　供給，(5)　新製品，(6)　ブランド品，(7)　納得（理解）

■注
i　日本経済新聞
ii　太田哲三・黒澤清ほか『解説原価計算基準』中央経済社，1963年，74頁。
iii　青木茂男『原価計算論』税務経理協会，1955年，10頁。
iv　太田哲三・中西寅雄ほか『原価計算基準詳説』同文舘出版，1963年，9頁。

原価の諸概念と分類

1 原価の本質および原価外項目等

① 原価の本質

　昭和37年11月,旧大蔵省企業会計審議会から発表された『原価計算基準』では,「原価計算制度において,原価とは,経営における一定の給付にかかわらせて,把握された財貨または用役(以下これを『財貨』という)の消費を,貨幣価値的に表したものである」と定義し,これを以下のように分解して,説明しています。
　ⅰ)原価は,経営の生産および販売過程における経済価値の消費
　経営活動は一定の製品,半製品,サービス等を,生産し販売することを目的とし,一定の財貨を消費する過程です。この場合,消費された財貨は経済価値のあるものでなければ原価にはなりません。したがって,貨幣価値で評価できない無尽蔵にある空気や海水のようないわゆる自由材は原価にはなりません。
　ⅱ)原価は,経営において作り出された一定の給付に転嫁される価値
　ここでいう給付とは,経営内部で作り出される財貨のことをいいます。それは最終給付(製品,サービス)のみでなく,その給付を生産するまでの過程で提供されるサービスや仕掛品・半製品等の中間的給付をも含み,さらに販売・管理活動過程で提供される用役も広義の原価には包含されます。
　ⅲ)原価は,経営目的に関連して消費される価値
　工企業では,原材料・用役等を購入し,それを加工し,その経営給付を販売して利益を得ることを目的としています。このような給付の購買・製造・販売に関連して消費される経済価値が原価になります。
　しかし,経営目的に直接関連しない財務活動や投資活動にかかわるコストは,

原価にはなりません。

　ⅳ）原価は正常なもの

　これによって異常な状態を原因とする価値の減少は除外されます。例えば，ある工企業で，従業員AとBが在籍し，X製品1単位を製造するために，Aは10単位（単価10円）の原材料を消費し，Bは14単位の原材料を消費したとします。この場合，Aの消費量がその業務における平均的正常な消費量であるとする。この場合，Bの余分に消費した4単位40円は，異常なものであるために製造原価には算入しないで，非原価項目として損益計算書に記載します。

② 原価外項目

　ものごとの本質や性格をより明確に理解するためには，逆にそのものの範疇にはいらないものについての知識を有していれば，より理解が容易です。

　原価外項目とは，非原価項目ともいい，原価計算制度において原価に算入しない項目であり，『基準』では，その5で以下の4項目を挙げています。

A．経営目的に関連しない価値の減少

　　　次の資産に関する減価償却費，管理費，租税等の費用
　　　　例えば，投資資産たる不動産・有価証券・貸付金等，未稼働の固定資産等
　　　寄付金等であって経営目的に関連しない支出
　　　支払利息，割引料，社債発行費償却，株式発行費，支払保証料等の財務費用
　　　有価証券の評価損・売却損

B．異常な状態を原因とする価値の減少

　　　異常な仕損，減損，棚卸減耗等
　　　火災，震災，風水害，盗難，争議等の偶発的事故による損失
　　　予期しえない陳腐化等によって固定資産に著しい減価を生じた場合の臨時償却費
　　　延滞償金，違約金，罰課金，損害賠償金，偶発債務損失，訴訟費
　　　臨時多額の退職手当，固定資産売却損および除却損，異常な貸倒損失

C．税法上，特に認められた損金算入項目

　　　価格変動準備金繰入額

租税特別措置法による償却額のうち通常の償却範囲額を超える額等
D．その他の利益剰余金に課する項目
　　　法人税，所得税，都道府県民税，市町村民税
　　　配当金，役員賞与金，任意積立金繰入額
　　　建設利息償却
　要するに，以上の原価外項目は，原価の本質を規定した基準の最初の2項目から反対概念としてAとBとを導き出し，それにCとDとを加えたものです。
　③　**原価と費用**
　E．シュマーレンバッハはその著『原価計算と価格政策』[v]や『コンテンラーメン』で，原価と費用とは必ずしもイコールではないとして，以下の図表を示しています。

図表2－1　E．シュマーレンバッハの原価・費用シェーマ

損益計算：	中性費用	費用であると同時に原価	
原価計算：		原価であると同時に費用	付加原価

出所：Schmalenbach, E., Kostenrechnung und Preispolitik, 8 Auf. 1963, S. 10

　大部分の費目は，「費用であると同時に原価」「原価であると同時に費用」に属しますが，両端に不一致のものがあります。
　図表左端の中性費用（Neutral Aufwand）とは，損益計算上では費用ですが，原価計算上では原価でないものをいい，この項目には，例えば支払利息や創立費償却等のような営業外費用，固定資産売却損等のような特別損失がこれに属します。
　これに対して，図表右端の付加原価（Zusatzkosten）とは，原価計算上は原価であるが，損益計算上では費用にならないものをいい，この項目には，例えば無償取得の固定資産の減価償却費，無償交付の材料・労働力の消費額，個人企業主賃金，自己資本の計算上の利子等がこれに属します。

2　原価計算制度における原価の諸概念

　原価計算制度においては，原価の本質的規定にしたがい，さらに各種の目的に応じて，以下のような原価概念を掲げています。

(1)　実際原価と標準原価

　原価計算基準においては，原価の本質規定にしたがい，さらに各種の目的に応じて以下のような原価概念があります。

　実際原価（Actual costs, Historical costs, Istkosten）とは，実際価格または予定価格に実際消費量を乗じて算定するものです。

　標準原価（Standard costs, Sollkosten）とは，科学的・統計的調査にもとづいてあらかじめ算定した原価です。それは経営給付あるいは特定の活動に対する能率の尺度となるように予定し，将来における達成目標を示す原価です。すなわち，標準価格に標準消費量を乗じて計算します。

　標準原価計算制度において用いられる標準原価は，標準のレベルまたは厳しさ（Tightness）の程度にしたがって，①理想的標準原価，②正常（標準）原価，③現実的標準原価に区分しますが，『基準』では標準原価計算制度において②および③を用いるよう規定しています。

(2)　製品原価と期間原価

　この区分は，財務諸表上の収益との対応関係にもとづく区分です。製品原価（Product costs）とは，一定単位の製品またはサービスに集計される原価です。これに対して，期間原価（Period costs）は，一定単位の製品またはサービスに集計できない原価をいいます。

　製品原価と期間原価との範囲の区分は，相対的なものであり，一般には，売上製品および棚卸資産の価額を構成するすべての原価を製品原価とし，販売費および一般管理費は期間原価としています。

(3) 全部原価と部分原価

これは原価の集計範囲による区分です。一般にいう全部原価は，一定の給付に対して生ずるすべての製造原価をいい，広義の全部原価は，これに販売費および一般管理費を加算したものをいいます。また，部分原価とは，その一部のみを集計したものをいい，変動原価のみを集計した原価は，意思決定をする場合に重要です。

図表2－2　原価の体系

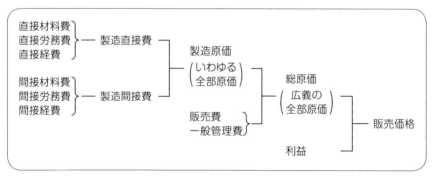

3　原価計算制度における原価の分類

原価要素は，製造原価要素と販売費および一般管理費の原価要素に区分し，また，製造原価要素については，以下のような基準によって分類できます。

(1) 形態別分類

形態的分類とは，財務会計における費用の発生を基礎とする分類，すなわち原価の発生形態による分類です。この分類によって原価要素は，①材料費，②労務費，③経費に属する各費目に分類しています。

① 材料費（Material costs）

材料費とは，製品（サービス）の生産のために消費された物品の価値をいい，『基準』では以下のように区分しています。

　素材費（または原料費）

買入部品費

燃料費

工場消耗品費

消耗工具器具備品費

　最初の素材費とは，主要材料として製品のために直接に消費され，通常，製品の基本的実体となるものです。次の買入部品費とは，たとえば自動車産業におけるタイヤやバックミラーのように外部から購入し，そのまま製品に取り付けられる物品をいいます。燃料費は，重要でなければ経費とすることもあります。4番目の工場消耗品費とは，製品の生産のために補助的に消費され，その基本的実体にならない消耗性の物品のことをいいます。たとえば，包装用荷造り材料，容器類，機械油類，研磨紙のような雑品類がこれに属します。最後の消耗工具器具備品費とは，耐用年数が1年未満か，価額の低い工具・器具・備品の消費価値をいいます。たとえば，切削工具・計測器等がこれに属します。

　以上のうち，素材費，買入部品費は主要材料費，それ以外の燃料費，工場消耗品費，および消耗工具器具備品費は補助材料費を形成します。また工場消耗品と消耗工具器具備品とを貯蔵品として処理することもあります。

　② **労務費（Labor costs）**

　労務費とは，製品生産のために消費された労働用役の価値をいい，『基準』では以下のように分類しています。すなわち，賃金（基本給のほか割増賃金を含む），給料，雑給，従業員賞与手当等，退職給付引当金繰入額，福利費（健康保険料負担額等）に区分します。

　先ず，賃金とは，直接的（肉体的）作業に従事する工員に支給される報酬であり，基本給のほかに割増賃金すなわち時間外手当，特殊作業手当，能率加給金等作業に直接関係ある報酬です。

　次の給料とは，工員以外の工場関係の役職員，ならびに主として管理的，頭脳的，事務的労働に従事する役職員に支払われる報酬です。雑給とは，その会社に労務者籍のない作業者，すなわち日雇労働者，アルバイト，パート等に支給される報酬です。

　従業員賞与手当等とは，ここでは工員および工場関係者の役職員に支給される賞与および作業に直接関係のない諸手当，例えば通勤手当，住居手当等です。

退職給付引当金繰入額とは，正規の規定にしたがって退職給付引当金に繰り入れられる額で，工員および工場関係の職員に対して支給される報酬です。福利費とは，健康保険法，失業保険法等による会社負担額のうち工員および工場関係の役職員に対するもので，いわゆる法定福利費です。なお，実務では退職給付引当金繰入額，福利費を経費とする場合が多いようです。

③ **経費（Expenses）**

経費とは，材料費および労務費以外の原価要素を総称したものです。『基準』では，減価償却費，棚卸減耗費，福利施設負担額，賃借料，修繕料，電力料，旅費交通費等の諸経費に細分しています。

この経費は，いろいろの観点から分類できますが，計算方法の相違によって，ⅰ）測定経費（用水費，電力・ガス料等），ⅱ）月割経費（減価償却費，固定資産税，特許権使用料等），ⅲ）支払経費（支払旅費交通費，支払家賃，支払保険料），ⅳ）発生経費（棚卸減耗費，仕損費等）に分けることができます。

それ以外に，単純経費と複合経費，人的経費と物的経費のように分類することもできます。

(2) **機能別分類**

機能別分類とは，原価がいかなる目的・機能によって発生したかによる分類です。この分類基準によって，たとえば，材料費は主要材料費，修繕材料費，試験研究材料費等に，賃金は作業種類別直接賃金，間接作業賃金，手待賃金等に，経費は各部門の機能別経費に分類できます。

この機能別分類は，原価をその発生場所ごとにとらえることによって，原価管理上，原価に関する責任の所在を明確にすると同時に，原価の発生原因を明らかにします。

(3) **製品との関連における分類**

この分類は，製品に対する態様，すなわち原価の発生が一定単位の製品の生成に関して，直接的に認識されるか否かの性格上の区分による分類です。この分類基準によって，原価要素は直接費と間接費とに区分します。

直接費（Direct costs）とは，一定単位の製品（原価負担者）に明確に負担

させることができる原価をいいます。すなわち，特定の製品に直課できる原価です。この直接費は，直接材料費，直接労務費および直接経費に区分され，さらに細分されます。

間接費（Indirect costs）とは，一定の単位の製品ないし原価負担者に明確に負担させることができない原価です。この間接費は，間接材料費，間接労務費および間接経費に分類し，さらに細分できます。

計算技術上，直接費は数量計算を基礎とし，直接費・間接費という概念は，製品原価の計算のみでなく，部門費計算にも適用されています。この場合，直接費を部門個別費，間接費を部門共通費と呼んでいます。

(4) 操業度との関連における分類

この分類は，操業度の増減に対する原価発生の態様による分類で，この分類基準によって原価要素は，固定費と変動費とに分類できます。ここで操業度とは，生産設備を一定とした場合における利用度をいいます。固定費とは，操業度の増減にかかわらず，原価総額としては変化しない原価要素をいい，変動費（広義）とは，操業度の増減に応じて原価総額として変化するものをいいます。このうち操業度の増減に応じて比例的に増減する原価要素を比例費（狭義の変動費）といいます。

H. フォルムバウムによれば，変動費の背景には操業度単位の生産のために必要とされる少量単位に投入できる生産要素がある。また固定費の背景には，任意に小さな数量単位で投入できない一定額の生産要素があるという。したがって，彼によれば変動費もまた区間固定費とみなされます。

固定費と比例費との間に，準固定費と準変動費とがあります。すなわち，ある操業度の変化では固定的であり，これを超えると急増し，再び固定化する原価要素，例えば監督者給料等のような準固定費，および操業度が0の場合にも，一定額が発生し，同時に操業度の増加に応じて増加する原価要素，例えば電力量等のような準変動費とがあります。

図表2－3　操業度との関連における分類グラフ

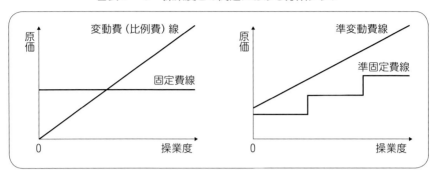

(5) 原価の管理可能性にもとづく分類

　この分類は，原価の発生が一定の管理者層によって管理できるか否かの分類であり，この分類基準によって原価要素は管理可能費と管理不能費とに分類することができます。

　管理可能費のほとんどは変動費であるが，固定費の中にも管理可能費があります。しかし，管理不能費のほとんどは固定費です。

　同じ原価要素でも，管理者の階層によって管理可能な場合と管理不能な場合とがあります。下級管理者層にとって管理可能であるものも，上級管理者層には管理不能となることもあり，その逆もあります。たとえば，広告宣伝費は販売部長には管理可能ですが，係長には管理不能です。また，材料費（材料消費数量）は担当の職長には管理可能ですが，販売部長には管理不能です。

例題2－1 次の項目をA）製造原価とB）原価外項目に属するものとに区分しなさい。

① 投資資産の減価償却費　② 工場用建物の固定資産税　③ 支払利息
④ 工場消耗品費　⑤ 投資有価証券売却損　⑥ 買入部品費　⑦ 損害賠償金
⑧ 企業家賃金　⑨ 配当金　⑩ 仕損費（正常）　⑪ 価格変動準備金繰入額
⑫ 無償交付の材料

解　答

A）② ④ ⑥ ⑧ ⑩ ⑫
B）① ③ ⑤ ⑦ ⑨ ⑪

■注

v　Schmalenbach, E., Kostenrechnung und Preispolitik, 8 Auf. 1963, S. 10

III 原価計算の体系

1 原価計算の体系図

```
              ┌ 原価計算制度  ┌ 事前原価計算 ┌ 予定（見積）原価計算  ┌ 費目別計算
原価計算      │ （狭義の原価計算）│              └ 標準原価計算        │ 部門別計算
（広義）     ┤                 └ 事後原価計算――実際原価計算          └ 製品別計算＊
              └ 特殊原価調査

               ┌ 個別原価計算   ┌ 単純総合原価計算
＊製品別計算  ┤                │ 組別総合原価計算
               └ 総合原価計算  ┤ 等級別総合原価計算
                                └ 工程別総合原価計算
```

広義の原価計算においては，管理会計の一部を含むが，本書では主に狭義の原価計算である原価計算制度を取り扱います。また，事前原価計算と事後原価計算との区分は製品の完成時点を基準とします。さらに，予定（見積）原価計算と標準原価計算の区分は，原価の把握が過去の概算的平均値によるか，未来数値を含む科学的・統計的に算定したものかによります。

2 原価計算制度

原価計算制度の特質に関して箇条書きで挙げれば，以下のようです。
(1) この計算制度で採用される原価の性格は，慣習的に認められた原価です。
(2) これは一定の会計秩序にしたがって常時継続的に実施されます。
(3) 財務会計機構と有機的関連をもち，原価管理や経営計画に役立ちます。

(4) 主に原価簿記を中心とします。
(5) この計算制度は，事前原価計算と事後原価計算とに区分し，さらに細分します。

3　特殊原価調査

特殊原価調査は，次のような特質をもっております。
(1) ここでの原価は，各種の特殊原価です。
(2) この調査は，必要に応じて随時，臨時的に行います。
(3) 原価簿記を使用しないで，表・グラフ等で調査的・統計的計算をします。
(4) 景気変動や企業競争激化の現在では，経営計画計算のため必要性が徐々に増しています。
(5) 特殊原価概念としては未来原価，増分原価，差額原価，埋没原価，現金支出原価，機会原価，回避可能原価，付加原価，取替原価等があります。

例題3－1　原価計算の体系表を作成し，説明しなさい。

解　答

本文参照

例題3－2　原価計算制度と特殊原価調査との差違を述べなさい。

ヒント

会計秩序によって常時継続的に実施されるか否かによる。

原価計算基準および原価計算に関する基本事項等

1　原価計算基準

　合理的な企業経営を行うためには，原価計算を実施して有効な資料を得なければなりません。そのために，昭和37年11月に設定された『原価計算基準』（以下『基準』と略す）ではその前文で以下のように述べています。

　「近時，経営管理のため，とくに業務計画および原価管理に役立つための原価計算への要請は，著しく強まってきており，今日，原価計算に対して与えられる目的は単一ではない。すなわち，企業の原価計算制度は，真実の原価を確定して財務諸表の作成に役立つとともに，原価を分析して，これを経営管理者に提供し，もって業務計画および原価管理に役立つことが必要とされている。したがって，原価計算制度は，各企業がそれに対して期待する役立ちの程度において重点の相違はあるが，いずれの計算目的にもともに役立つように形成され，一定の計算秩序として常時継続的に行われるものであることを要する。ここに原価計算に対して提起された諸目的を調整し，原価計算を制度化するため，実践規範として原価計算基準が設定される必要がある」としています。

　さらに『基準』適用に関して，以下のように述べています。

　「原価計算基準は，かかる実践規範として，我が国現在の企業における原価計算の慣習のうちから，一般に公正妥当と認められたところを要約して設定されたものである。しかしながら，この基準は，個々の企業の原価計算手続を画一的に規定するものではなく，個々の企業が有効な原価計算手続を規定し実施するための基本的な枠を明らかにしたものである。したがって企業が，その原価計算手続を規定するに当たっては，この基準が弾力性を持つものであることの理解のもとに，この基準にのっとり，業種，経営規模その他当該企業の個々の条件に応じて，実情に即する

よう適用されるべきものである。それゆえに，すべての企業によって尊重されるべきである」と述べています。

　なお，この基準は，企業会計原則の一環を成し，そのうち特に原価に関して規定したものであります。『基準』は，以下の5章，47項目から構成されております。

第1章　原価計算の目的と原価計算の一般的基準
　　　　　1原価計算の目的，2原価計算制度，3原価の本質，4原価の諸概念，5非原価項目，6原価計算の一般的基準

第2章　実際原価の計算
　　　　　7実際原価の計算手続，8製造原価要素の分類基準，9原価の費目別計算，10費目別計算における原価要素の分類，11材料費計算，12労務費計算，13経費計算，14費目別計算における予定価格等の適用，15原価の部門別計算，16原価部門の設定，17部門個別費と部門共通費，18部門別計算の手続，19原価の製品別計算および原価単位，20製品別計算の形態，21単純総合原価計算，22等級別総合原価計算，23組別総合原価計算，24総合原価計算における完成品総合原価と期末仕掛品原価，25工程別総合原価計算，26加工費工程別総合原価計算，27仕損および減損の処理，28副産物等の処理と評価，29連産品の計算，30総合原価計算における直接原価計算，31個別原価計算，32直接費の賦課，33間接費の配賦，34加工費の配賦，35仕損費の計算および処理，36作業くず，37販売費および一般管理費要素の分類基準，38販売費および一般管理費の計算，39技術研究費

第3章　標準原価の計算
　　　　　40標準原価算定の目的，41標準原価の算定，42標準原価の改訂，43標準原価の指示

第4章　原価差異の算定および分析
　　　　　44原価差異の算定および分析，45実際原価計算制度における原価差異，46標準原価計算制度における原価差異

Ⅳ 原価計算基準および原価計算に関する基本事項等

第5章 原価差異の会計処理
47原価差異の会計処理

　以上，企業会計審議会が昭和37年11月8日に制定発表された現行原価計算基準の概要ですが，審議会がこの問題の検討を始めたのは昭和25年のことです。

　『基準』の制定までの経緯は，昭和5年に未曾有な不景気の対策として，政府は臨時産業合理局の一部として財務管理委員会を設け，この委員会から昭和12年に我が国最初の『製造原価計算準則』を制定発表しました。

　その後，軍需工場の検査令によって，軍部は軍需品の生産会社を監視することができ，また原価計算の実施を強制しました。その指針として昭和14年陸軍は『製造原価計算要綱』を，海軍はその翌年に『原価計算準則』を制定発表しています。さらに，各分野別の原価計算制度を統一した『原価計算要綱』『原価計算規則』が昭和17年に公布[vi]されました。

　しかし，現行の原価計算基準は，前掲の準則や要綱の単なる修正ではありません。アメリカ会計学会（AAA）の専門委員会報告，英国チャータード会計士協会の原価計算委員会の報告[vii]等をも参考にして作成したものであるといわれます。

　この『原価計算基準』も制定後長年月が経過しているため，過去に何度か見直しをするよう各方面から検討がなされてきました。すなわち，

日本会計研究学会全国大会：昭和52年5月・「原価計算基準特別委員会（委員
　　長　岡本清）」設置　広く原価計算基準の研究を行うことを要請。
　　同53，54年・基準そのものの在り方，諸法令との関係，直接原価計算を
　　制度として取り入れる必要性の可否等多種の討議がなされました。
企業経営協会：昭和55年5月・「経営原価計算実施要領（委員長　近藤潤三）」
　　発表。原価計算基準で規定していない管理会計領域に言及。同年6月の
　　日本原価計算研究学会でこの課題を討議
日本原価計算研究学会：昭和56年6月・「同実施要領」第2次中間報告，同57
　　年3月・最終案答申
日本原価計算研究学会：平成8年9月・「原価計算基準の再検討（コーディ
　　ネーター　小林哲夫）」　経営管理目的をどのように『基準』に組み入れ

るかに関して多種の見解，原価要素・原価費目に関するデーターベースの構築，また，『基準』制定以後の関連法規の改正や非現実的な部分についての必要性について共通認識

　平成30年現在，学会等各団体から公式の『原価計算基準』改訂に関する具体的な提案はありません。

2　原価計算の方法に関する基本事項とその手続

(1) 原価計算の方法に関する基本的事項
① 原価計算単位

　原価計算は，一定の給付に関連して実施され，その原価測定の単位として選定された給付量を原価計算単位といいます。

　原価計算単位は，通常，製品であり，製品ごとに原価を計算することが多い。しかし，原価計算単位は，単に製品のみに限らず，製造工程や補助部門等で行われる作業や用役もまた原価計算単位となりえます。したがって，それに応じた原価計算単位を設定する必要があります。原価計算単位の具体例として製品1単位，ポンド，グラム，フート，平方メートル，平方ヤード，ガロン，袋，箱，樽等があります。

② 原価計算期間

　原価計算は，一定の給付を対象として，そのために消費された原価の計算を行う対象計算であるが，期間計算も合わせ行わなければなりません。すなわち個別原価計算においては，各製品や各部門に配賦するために基幹的に間接費を把握して，これをその期間の製品に負担させます。また総合原価計算においては一定期間中に発生したすべての原価を集計して，これらを同期間の総生産量で除して単位原価を算定しなければなりません。いずれの場合も，原価計算期間を設ける必要があります。

　通常，原価計算期間は1カ月を原則としています。なぜこのように1カ月という短期間が採用されるのでしょうか。例えば，6カ月や1年を基準として計算していると，その間に材料や労賃の値上りや値下げが生じる可能性があり，正確な原価の算定ができなくなる懸念があるからです。

その他，原価計算期間を3カ月，4週間，1週間等にすることもあります。また，遠洋漁業その他特殊な産業で，1カ月では適正な原価の把握が困難な場合には，その状況に応じて期間を定めますが，財務会計期間が限度になります。

③ 指図書と仕様書

指図書（orders）とは，購買，製造，販売活動等に際し，責任者が命令・指示を与えるために交付する文書です。それぞれ各種の指図書に分類できますが，ここでは製造指図書（product orders）についてのみ説明します。

これは製品製造指図書ともいわれ，製造数量，材料，労働作業に関して指示する文書です。

指図書は，特定指図書と継続指図書に分けることができます。特定製造指図書とは，特定の製品を一定量だけ製造するために個別に発行される指図書です。個別原価計算の指図書がそれであり，この指図書に製造されるべき製品の種類，直接作業を行う部門名，作業の種類・順序・時間，使用機械・工具，製造着手ならびに完成年月日等を記載します。

また，継続製造指図書とは，主として同種製品を反復継続して生産する場合に発行されるもので，生産量は定めず，一定期間の生産を継続すべきことを指示した指図書です。総合原価計算の指図書がそれであり，この指図書には製造を継続する期間，それに要する材料の種類および数量，作業の順序・種類等が，指示されております。

次に仕様書（specifications）とは，製品の製造・販売にあたり，いかなる工程でどのような機械・工具を使用し，いかなる作業順序でどのような材料をいかほど消費したらよいかを記載した文書です。上述の製造指図書では内容が簡単であるため，より詳細な資料を示したものが仕様書である。例えば，材料仕様書，作業仕様書等があります。

(2) 製造原価報告書

製造原価報告書は，工企業の損益計算書の売上原価欄の一項目である当期製品製造原価（商企業の当期仕入高に相当）の内訳を示す財務諸表付属明細表の1つである。当該企業で原価計算が制度化されている限り，これを作成することが要請されます。

その作成目的は，当期の材料費，労務費および経費の詳細を示し，それらの合計額に期首および期末の仕掛品棚卸高を加減して当期製品製造原価を明らかにするものです。

　その様式を示せば以下の通りです。

図表 4 − 1　製造原価報告書の様式例

```
            製 造 原 価 報 告 書
         自平成×1年4月1日　至平成×2年3月31日
 1．材料費
   1．期首材料棚卸高           ××
   2．当期材料仕入高           ××
          合　　計             ××
   3．期末材料棚卸高           ××
              当期材料費                 ××
 2．労務費
   1．賃金                     ××
   2．給料                     ××
              当期労務費                 ××
 3．経費
   1．電力・ガス料             ××
   2．支払運賃                 ××
   3．減価償却費               ××
   4．福利厚生費               ××
   5．支払保険料               ××
   6．旅費交通費               ××
   7．租税公課                 ××
   8．雑費                     ××
              当期経費                   ××
              当期製造費用               ××
              期首仕掛品棚卸高           ××
              合　　計                   ××
              期末仕掛品棚卸高           ××
              当期製品製造原価           ××
```

　また，日商簿記検定2級でよく出題されるもう一つの様式として，製造直接費と製造間接費の分類を考慮したものがあります。直接経費がないとすれば，製造原価を直接材料費，直接労務費，製造間接費の3つに分類・表示し，製造

間接費の予定配賦による差異の表示も行うというものです。下記に図表4－2として月次製造原価報告書の様式例を示しますが，これを理解するためには，Ⅴ章材料費からⅧ章製造間接費の計算までを学習する必要があります。

図表4－2　日商簿記検定で出題される月次製造原価報告書の様式例

```
              月 次 製 造 原 価 報 告 書
             自平成×年4月1日　至平成×年4月30日       （単位：千円）
 Ⅰ　直 接 材 料 費
  1．月初材料棚卸高           450
  2．当月材料仕入高         2,500
      合      計           2,950
  3．月末材料棚卸高           550                    2,400
 Ⅱ　直 接 労 務 費                                  2,070
 Ⅲ　製 造 間 接 費
  1．保　　険　　料           450
  2．減 価 償 却 費           520
  3．光　　熱　　費           650
      合      計           1,620
     製造間接費配賦差異         30                    1,650
     当 月 総 製 造 費 用                             6,120
     月 初 仕 掛 品 棚 卸 高                           640
      合      計                                   6,760
     月 末 仕 掛 品 棚 卸 高                           460
     当 月 製 品 製 造 原 価                           6,300
```

(3)　原価計算の基本的手続

①　原価計算の手順

原価の計算は(A)製造原価の計算，(B)販売費および一般管理費の計算に区分します。

(A)　製造原価の計算

製造原価の計算とは，製品製造のために消費された経済価値を集計することであり，以下の順序で計算します。

(a)　費目別計算（原価種類別計算）
(b)　部門別計算（原価場所別計算）
(c)　製品別計算（原価負担者別計算）

各々の計算の詳細に関しては，次章以下で説明するが，『基準』では概略を以下のように規定しています。

　まず，費目別計算とは，「一定期間における原価要素を費目別（材料費，労務費，経費）に分類測定する手続をいい，財務会計における費目別計算であると同時に，原価計算における第一次の計算段階である。」つぎに，部門別計算とは，「費目別計算において把握された原価要素を，原価部門別に分類集計する手続をいい，原価計算における第二次の計算段階である。」最後に，製品別計算とは，「原価要素を一定の製品単位に集計し，単位製品の製造原価を算定する手続きをいい，原価計算における第三次の計算段階である」と規定されております。

(B)　販売費および一般管理費の計算

　販売費とは製品を販売するために要した原価であり，一般管理費とは企業全体の管理のために要した原価です。中小企業では，販売活動と管理活動とを明確に区分して算定することが困難な場合が多いので，両者をまとめて販売費および一般管理費として計算することが多いようです。

　販売費および一般管理費は，一般的には費目別に計算し売上高に対応させるが，必要な場合には売上品の製造原価に配賦して総原価を計算することもできます。

(C)　原価計算の勘定連絡図

　基本的な原価計算の手順を原価計算関係の勘定連絡図で示せば，次の図表のようになります。すなわち，購入した原材料やサービスを原価の3要素である材料（費），労務費，経費の各勘定の借方に記入し，それらの消費分を貸方に記入します。原価費目を直接費・間接費に分類していない場合は，その金額を製造（仕掛品）勘定へ直接振り替えますが，分類してある場合は，図表のように直接材料費，直接労務費，直接経費，製造間接費（間接材料費，間接労務費，間接経費）の勘定が製造勘定の前段階に入ります。次に，製品が完成したとき，完成分のみ製造勘定から製品勘定へ振り替えます。その製品を販売した場合は，販売製品の製品製造原価を売上原価勘定へ振り替えます。通常，原価計算は毎月実施されるため損益の計算も月毎に行います。そのために，売上，売上原価，販売費および一般管理費は月次損益勘定に振り替えられ，月次の損益が算定さ

れ，さらに年次損益へ振り替えられます。財務会計と直結する年次損益勘定では，月次損益，営業外費用・収益等が集計され，差額として経常利益等が算定されます。

図表4－3　基本的な勘定連絡図

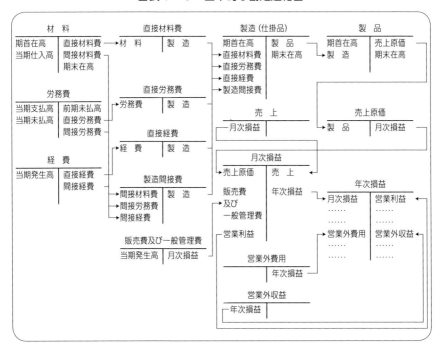

例題4－1　次の原価計算基準における文章の一部（部分的に著者変更）であるが，番号に従って空欄を埋めなさい。

『基準』での原価計算制度とは，（①）の作成，（②）計算，（③）管理，予算の（④），経営の基本計画等の異なる目的が，重点の相違はあるが相ともに達成されるべき一定の（⑤）である。ここでいう原価計算制度は，（⑥）会計機構のらち外において随時断片的に行われる原価の（⑦），技術的計算ないし調査ではなくて，（⑥）会計機構と（⑧）に結びつき（⑨）に行われる計算体系である。

解　答

① 財務諸表　② 価格　③ 原価　④ 編成ならびに予算統制　⑤ 計算秩序
⑥ 財務　⑦ 統計的　⑧ 有機的　⑨ 常時継続的

例題4-2　次の資料を用いて原価計算期末における原価要素別勘定から月次損益勘定へ振り替えるまでの(1)仕訳と(2)勘定連絡図を示しなさい。

1．材料消費高	製造直接費	¥	33,000
	製造間接費		6,000
2．労務費消費高	製造直接費		36,000
	製造間接費		12,000
	販売費および一般管理費		5,000
3．経費消費高	製造直接費		4,500
	製造間接費		17,500
	販売費および一般管理費		6,000
4．完成品製造原価			100,000
5．販売品製造原価			96,000
6．製品売上高（掛売）			118,000
7．棚卸高：	期　首	期　末	
仕掛品	¥ 5,000	¥ 14,000	
製　品	3,000	7,000	

解　答

(1)　仕　訳

　(1)　(借方)　直　接　材　料　費　　33,000　　(貸方)　材　　　　料　　39,000
　　　　　　　製　造　間　接　費　　 6,000

　(2)　(借方)　直　接　労　務　費　　36,000　　(貸方)　労　　務　　費　　53,000
　　　　　　　製　造　間　接　費　　12,000
　　　　　　　販　売　費　お　よ　び　 5,000
　　　　　　　一　般　管　理　費

(3)	(借方)	直 接 経 費	4,500	(貸方)	経　　　　費		28,000
		製 造 間 接 費	17,500				
		販 売 費 お よ び 一 般 管 理 費	6,000				
(4)	(借方)	製　　　　造	109,000	(貸方)	直 接 材 料 費		33,000
					直 接 労 務 費		36,000
					直 接 経 費		4,500
					製 造 間 接 費		35,500
(5)	(借方)	製　　　　品	100,000	(貸方)	製　　　　造		100,000
(6)	(借方)	売 上 原 価	96,000	(貸方)	製　　　　品		96,000
(7)	(借方)	売 掛 金	118,000	(貸方)	売　　　　上		118,000
(8)	(借方)	月 次 損 益	96,000	(貸方)	売 上 原 価		96,000
(9)	(借方)	売　　　　上	118,000	(貸方)	月 次 損 益		118,000
(10)	(借方)	月 次 損 益	11,000	(貸方)	販 売 費 お よ び 一 般 管 理 費		11,000
(11)	(借方)	月 次 損 益	11,000	(貸方)	年 次 損 益		11,000

解　説

　勘定連絡図では，勘定と勘定の間を矢印で結び，各勘定間の振替記入を明示するので，振替仕訳はこの連絡図の流れから理解できる。なお，この流れとは別に期首・期末の棚卸在高を仕掛品，製品勘定へ記入する必要もあります。

(2) 勘定連絡図

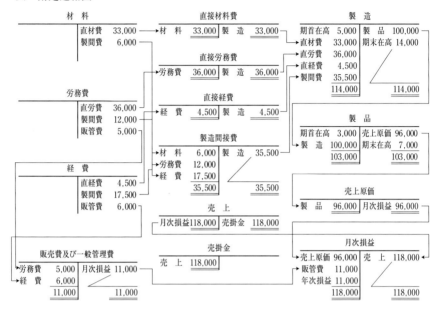

解 説

　各勘定間を矢印で結ぶことで振替仕訳の連絡関係が理解されます。また，仕掛品および製品の勘定記入においては期首期末の棚卸高を加味します。

■注
vi　太田哲三・黒澤清ほか『解説原価計算基準』中央経済社，1963年，34頁。
vii　前掲書，35頁。

材 料 費

1 材料費

「材料費」とは「物品の消費によって生じる原価」です(『原価計算基準』8)。購入した材料は「材料」という資産です。「材料」は製品の生産活動を経由して原価になります。すなわち,製品を作るために購入した材料を消費して初めて「材料費」になります。

2 材料の購入

購入した材料の取得原価には材料の購入代価(材料本体の価額)のほかに付随費用も含めます。

例題5－1 次の資料にある取引の仕訳を示しなさい。

〔資料〕
材料¥30,000を掛で購入した。その際,引取運賃¥2,000を現金で支払った。

解答・解説

引取運賃¥2,000も材料の取得原価に含めるので,仕訳は以下のようになります。

(借方) 材　　　料　32,000　(貸方) 買　掛　金　30,000
　　　　　　　　　　　　　　　　　　現　　　金　2,000

3　材料副費

　購入してから消費するまでにかかった付随費用のことを材料副費ともいいます。材料副費には引取運賃，保険料，関税など材料が工場の倉庫に届くまでに企業の外部に対して発生する外部材料副費と検収，保管などのために工場に届いてから内部で発生する内部材料副費があります。材料副費には実際配賦と予定配賦があります。予定配賦の場合，予定発生額は材料副費勘定の貸方に記入し，実際発生額は材料副費勘定の借方に記入します。差額は材料副費差異勘定で処理します（例題5-2参照）。会計期末に材料副費差異勘定の差額を売上原価勘定に振り替えます。

例題5-2　以下の資料にある一連の取引の仕訳をしなさい。

〔資料〕
(1) 当月の材料の購入代価の合計額は¥5,000,000である。材料はすべて掛で購入している。なお，購入代価の3％（材料副費予定配賦率という）を材料副費として予定配賦している。
(2) 当月の材料副費の実際発生額の合計は¥120,000であることが判明した。材料副費はすべて現金で支払った。

解答・解説

(1) 材料副費の予定発生額¥150,000を貸方に記入します。
　　予定発生額：¥5,000,000×0.03＝¥150,000
(2) 材料副費の実際発生額¥120,000を借方に記入し，予定発生額¥150,000との差額¥30,000は材料副費差異として貸方に記入します。

(1) （借方）材　　　　料　5,150,000　（貸方）買　掛　金　5,000,000
　　　　　　　　　　　　　　　　　　　　　　材 料 副 費　　150,000

(2) （借方）材 料 副 費　　120,000　（貸方）現　　　　金　　120,000
　　　　　　材 料 副 費　　 30,000　　　　　材料副費差異　　 30,000

4　材料費の計算

材料費は当月に消費した材料の単価（消費単価）と当月に消費した材料の数量をかければ算定できます。

$$材料費＝消費単価×消費数量$$

消費単価を求める方法には原価法と予定価格法があり，消費数量を求める方法には継続記録法と棚卸計算法があります。

5　消費数量の計算

(1) 継続記録法

継続記録法は材料の受入・払出ごとに材料元帳に継続して記録する方法です。記帳には手間がかかりますが，常に帳簿上の材料消費量・残高数量を確認することが可能です。また，実地棚卸による数量と比較することで**棚卸減耗**も把握できます。材料管理，原価管理には適した方法で，原則としてはこの方法で記録・計算します。

(2) 棚卸計算法

材料の受入数量のみを記録し（払出については記録しない），月末に実地棚卸を行い，次式により当月の消費量を計算する方法です。

$$当月消費量＝前月からの繰越数量＋当月受入数量－月末実地棚卸数量$$

記帳は簡素化されますが，期末にならないと消費量が判明せず，また棚卸減耗も把握できないので，棚卸計算法は継続記録法で記録・計算することが困難なものや重要性が低いものについて用いられます。

6 消費単価の計算：原価法

原価法は材料元帳をもとにして消費単価（消費数量・材料費も計算できる）を計算する方法で，先入先出法，移動平均法，総平均法があります。

(1) 先入先出法

先入先出法は先に受け入れた材料から先に払い出すと仮定して（実際の払出順とは関係なく）消費単価を計算する方法です。

(2) 移動平均法

移動平均法は受け入れるたびに平均単価を計算して消費単価を計算する方法です。直前の残高金額に受入金額を加え，この合計額を残高数量と受入数量との合計で割って消費単価を求めます。

(3) 総平均法

原価計算期間（月初から月末までの1カ月間）における材料の平均単価を計算して，この平均単価を消費単価とする方法です。前月繰越額に当月受入額を加えて，この合計額を前月繰越数量と当月受入数量の合計で割って消費単価を求めます。そのため，消費単価は月末にならなければ求まりません。

例題5－3 以下の資料により，材料元帳に記帳して，当月払出数量，当月消費額，月末数量，月末残高をそれぞれ求めなさい。

〔資料〕
ⅰ 当月の受入・払出の数量と単価
4月1日　前月繰越　100個　＠¥200
　　6日　受　　入　50個　＠¥206
　　12日　払　　出　120個
　　20日　受　　入　50個　＠¥210
　　27日　払　　出　20個

ⅱ 計算は(1)先入先出法，(2)移動平均法の2通りの方法で行う。

__解答・解説__

(1) 先入先出法

材料元帳（先入先出法）

日付		摘要	受入			払出			残高		
			数量	単価	金額	数量	単価	金額	数量	単価	金額
4	1	前月繰越	100	200	20,000				100	200	20,000
	6	受入	50	206	10,300				{ 100	200	20,000
									50	206	10,300
	12	払出				{ 100	200	20,000	30	206	6,180
						20	206	4,120			
	20	受入	50	210	10,500				{ 30	206	6,180
									50	210	10,500
	27	払出				20	206	4,120	{ 10	206	2,060
									50	210	10,500
	30	次月繰越				{ 10	206	2,060			
						50	210	10,500			
			200		40,800	200		40,800			
5	1	前月繰越	{ 10	206	2,060				{ 10	206	2,060
			50	210	10,500				50	210	10,500

先入先出法による材料元帳は次のような順序で記帳します。
1．4月1日の記帳
　前期繰越については受入欄に数量と単価を記入し，金額は単価×数量により計算して，20,000（200×100＝20,000）と記入します。
　これをそのまま残高欄に記入します。
2．4月6日の記帳
　受入欄に単価と数量を記入し，金額は単価×数量により計算して，10,300（206×50＝10,300）と記入します。
　先入先出法では前の取引が何であるかにかかわらず，残高欄には受入欄と同じ数量，単価，金額を記入します。4月6日現在，1日の前期繰越の単価＠¥200の100個（金額¥20,000）と6日の単価＠¥206の50個（金額¥10,300）が存在しますので，これらを残高欄に記入し左端を波カッコ（{）でくくります。

3．4月12日の記帳

　120個を払い出しますので，4月12日現在で先に入っている単価@￥200の100個をまず払い出します。数量と単価を払出欄に記入します。金額は単価×数量により計算して，20,000と記入します（金額￥20,000（200×100＝20,000）はすでに1日で計算されています）。

　まだ，20個不足しますので単価@￥206の材料を20個払い出します。数量と単価を払出欄に記入します。金額は単価×数量により計算して，4,120（206×20＝4,120）と記入します。左端を波カッコでくくります。

　残高欄は，単価@￥206が30個残っていますので，これらの数量と単価を記入します。金額は単価×数量により計算して，6,180（206×30＝6,180）と記入します。

4．4月20日の記帳

　受入欄に単価と数量を記入し，金額は単価×数量により計算して，10,500（210×50＝10,500）と記入します。

　残高欄には受入欄と同じ数量，単価，金額を記入します。4月20日現在，4月12日の単価@￥206の30個（金額￥6,180）と4月20日の単価@￥210の50個（金額￥10,500）が存在しますので，これらを残高欄に記入し左端を波カッコでくくります。

5．4月27日の記帳

　20個を払い出しますので，4月27日現在で先に入っている単価@￥206の20個を払い出します。数量と単価を払出欄に記入します。金額は単価×数量により計算して，4,120（206×20＝4,120）と記入します。

　残高欄は，単価@￥206が10個，単価@￥210が50個残っていますので，これらの数量と単価を記入します。単価@￥206の方の金額は単価×数量により計算して，2,060（206×10＝2,060）を記入します（単価@￥210の方は払出がないので金額は変わりません）。左端を波カッコでくくります。

6．4月30日の記帳

　4月27日の残高欄をそのまま4月30日の払出欄に記入します。

　受入欄の数量の合計200個（100＋50＋50＝200），金額の合計40,800（20,000＋10,300＋10,500＝40,800）を求め記入します。

　払出欄の数量の合計200個（100＋20＋20＋10＋50＝200），金額の合計￥40,800（20,000＋4,120＋4,120＋2,060＋10,500＝40,800）を求め記入します（27日の残高欄をそのまま記入したものも合計に含めます）。

　受入欄の合計と払出欄の合計が一致することが確認できました。すなわち，

　　　　（受け入れた金額の合計）＝（払い出した金額の合計）＋（残高）

　　　　（受け入れた数量の合計）＝（払い出した数量の合計）＋（残高）

が成立したことが確認できました。
7．5月1日の記帳
　4月27日の残高欄をそのまま5月1日の受入欄および残高欄に記入します。
8．当月払出数量と当月消費額
　当月払出数量は払出欄の数量の合計を計算して，140個（100＋20＋20＝140）となります。
　当月消費額は払出欄の金額の合計を計算して，¥28,240（20,000＋4,120＋4,120＝28,240）となります。
9．月末数量と月末残高
　月末数量と月末残高は4月27日の残高欄からそれぞれ60個（10＋50＝60），¥12,560（2,060＋10,500＝12,560）となります。

(2) **移動平均法**

材料元帳（移動平均法）

日付		摘要	受入			払出			残高		
			数量	単価	金額	数量	単価	金額	数量	単価	金額
4	1	前月繰越	100	200	20,000				100	200	20,000
	6	受入	50	206	10,300				150	202	30,300
	12	払出				120	202	24,240	30	202	6,060
	20	受入	50	210	10,500				80	207	16,560
	27	払出				20	207	4,140	60	207	12,420
	30	次月繰越				60	207	12,420			
			200		40,800	200		40,800			
5	1	前月繰越	60	207	12,420				60	207	12,420

　移動平均法による材料元帳は次のような順序で記帳します。
1．4月1日の記帳
　先入先出法の場合と同じです。
2．4月6日の記帳
　受入欄に単価と数量を記入し，金額は単価×数量により計算して，10,300（206×50＝10,300）と記入します。
　残高欄の数量には150を記入し，金額は4月1日の残高¥20,000と4月6日の受入額¥10,300の合計額¥30,300を記入します。残高欄の単価は合計金額¥30,300を合計数量150個で割って＠¥202（30,300÷150＝202）が求まりますので，これを記

入します。

3．4月12日の記帳

単価は4月6日に求めた＠¥202を用います。120個を払い出しますので，金額は¥24,240（202×120＝24,240）です。これらを払出欄に記入します。

残高は単価＠¥202が30個ありますので，¥6,060（202×30＝6,060）です。これらを残高欄に記入します。

4．4月20日の記帳

受入欄に単価と数量を記入し，金額は単価×数量により計算して，10,500（210×50＝10,500）と記入します。

残高欄の数量には80を記入し，金額は4月12日の残高¥6,060と4月20日の受入額¥10,500の合計額¥16,560を記入します。残高欄の単価は合計金額¥16,560を合計数量80個で割って＠¥207（16,560÷80＝207）となりますので，これを記入します。

5．4月27日の記帳

単価は4月20日に求めた＠¥207を用います。20個を払い出しますので，金額は¥4,140（207×20＝4,140）です。これらを払出欄に記入します。

残高は単価＠¥207が60個ありますので，¥12,420（207×60＝12,420）です。これらを残高欄に記入します。

6．4月30日の記帳

4月27日の残高欄をそのまま4月30日の払出欄に記入します。

受入欄の数量の合計200個（100＋50＋50＝200），金額の合計40,800（20,000＋10,300＋10,500＝40,800）を求め記入します。

払出欄の数量の合計200個（120＋20＋60＝200），金額の合計¥40,800（24,240＋4,140＋12,420＝40,800）を求め記入します（27日の残高欄をそのまま記入したものも合計に含めます）。

受入欄の合計と払出欄の合計が一致することが確認できました。すなわち，

（受け入れた金額の合計）＝（払い出した金額の合計）＋（残高）

（受け入れた数量の合計）＝（払い出した数量の合計）＋（残高）

が成立したことが確認できました。

7．5月1日の記帳

4月27日の残高欄をそのまま5月1日の受入欄および残高欄に記入します。

8．当月払出数量と当月消費額

当月払出数量は払出欄の数量の合計を計算して，140個（120＋20＝140）となります。

当月消費額は払出欄の金額の合計を計算して，¥28,380（24,240＋4,140＝28,380）となります。
9．月末数量と月末残高
月末数量と月末残高は4月27日の残高欄からそれぞれ60個，¥12,420（207×60＝12,420）となります。

7　消費単価の計算：予定価格法

(1) 予定価格法

予定価格法は，あらかじめ将来の購入原価を予想して決められた消費単価を用いて購入原価を計算する方法であり，実際消費高が判明したときには，差額を材料消費価格差異勘定により処理する方法です。予定価格法には消費材料勘定（あるいは材料費勘定）を用いる方法と材料勘定のみで処理する方法があります。

消費材料勘定を用いる場合は，予定価格による消費高を消費材料勘定の貸方に記入し，実際価格による消費高を消費材料勘定の借方に記入，差額を材料消費価格差異勘定に振り替えます。材料勘定のみで処理する場合は，予定価格による消費高を材料勘定の貸方に記入し，実際価格による消費高が判明したら，差額を材料消費価格差異勘定に振り替えます。なお，会計期末には原則として材料消費価格差異勘定の残高は売上原価勘定に振り替えます。

例題5－4　次の資料にもとづき，①消費材料勘定を用いる方法，②材料勘定のみで処理する方法の仕訳を示しなさい。

〔資料〕
i　材料30個を直接材料費として予定単価@¥500で払い出した。
ii　実際払出単価は@¥550であることが判明した。
iii　予定価格による消費額と実際価格による消費額の差額を材料消費価格差異勘定に振り替える。

解 答

① 消費材料勘定を用いる方法

　ⅰ （借方）仕　掛　品　　15,000　　（貸方）消　費　材　料　　15,000

　ⅱ （借方）消　費　材　料　16,500　　（貸方）材　　　　　料　　16,500

　ⅲ （借方）材料消費価格差異　1,500　　（貸方）消　費　材　料　　1,500

② 材料勘定のみで処理する方法

　ⅰ （借方）仕　掛　品　　15,000　　（貸方）材　　　　　料　　15,000

　ⅲ （借方）材料消費価格差異　1,500　　（貸方）材　　　　　料　　1,500

練習問題5-1

1　次の資料にもとづいて総平均法により平均消費単価を計算しなさい。

〔資料〕
　材料Ａの月初有高は¥5,000（@¥250×20個），当月受入高は¥36,000（@¥200×180個）であった。

2　次の資料により，材料Ｂの当月消費高を①先入先出法，②移動平均法の2通りの方法で求めなさい。

〔資料〕
　材料Ｂの4月の受入・払出
　　4月1日　前月繰越　　100個　@¥102　¥10,200
　　4月6日　受　　入　　 50個　@¥105　 ¥5,250
　　4月10日　払　　出　　120個
　　4月20日　受　　入　　 60個　@¥106　 ¥6,360
　　4月27日　払　　出　　 20個

> 解答・解説

1　(¥5,000＋¥36,000)÷(20個＋180個)＝@¥205
2　例題5－3のように材料元帳に記帳して考えましょう。
　①　先入先出法　　¥14,400
　②　移動平均法　　¥14,460

労 務 費

1 労 務 費

　労務費とは「労働用役の消費によって生ずる原価」(『原価計算基準』8) です。すなわち,従業員(正社員,季節工,パート,アルバイトなどの形態を問わない)が直接,間接に製品の生産活動のために労働するときに生じる原価です。

　労務費は大別すると直接労務費と間接労務費に分かれます。直接労務費には直接賃金(直接工の直接作業に対する消費賃金分)があります。間接労務費には間接作業賃金(直接工の直接作業以外の作業に対する消費賃金分),間接工賃金,手待賃金(直接工の待機中の消費賃金),休業賃金(直接工の有給休暇中の消費賃金),給料(事務員・管理職に対する要支払額),従業員賞与手当,退職給与引当金繰入額,法定福利費などがあります。

2 支払賃金

　賃金の計算においては,支払賃金の計算と消費賃金の計算があります。消費賃金の計算は支払賃金をもとにして行われます。

　支払賃金は毎月支払われる賃金と各種の手当などの合計額です。賃金は,

> 賃金＝(1時間当たりあるいは単位当たりの賃率)×作業量

で計算されます。作業量は作業時間で把握する場合(時給制,日給制,月給制などがあり,これらの3つの場合はタイムカード,作業時間票で時間を把握する)と製品の出来高数で把握する場合(出来高票で把握)があります。この計

算方法で計算された賃金に各種手当などを加えたものが支払賃金になります。なお，賃金の支払額を計算するための期間を給与計算期間といいます。

3　原価計算期間と給与計算期間のズレ

　原価計算期間は1日から月末までの1ヵ月ですが，給与計算期間は1日から月末までの1ヵ月とは限らないので，両期間にずれが生じることがあります。

図表6－1　期間のずれ

3/25	4/1	4/24	4/30
	給与計算期間		当月未払
前月未払	原価計算期間		

　図表6－1では給与計算期間は3月25日から4月24日までであり，原価計算期間は4月1日から4月30日までです。したがって，前月未払額と当月未払額が生じます。3月25日から3月31日までの7日分の賃金は前月の原価計算期間で消費されていますが，支払は当月となりますので，前月未払額となります。また，4月25日から4月30日までの6日分の賃金は，当月の原価計算期間で消費されていますが，支払は次月となりますので，当月未払額となります。前月未払額は当月の原価計算には含めず，当月未払額は当月の原価計算に含める必要がありますので，当月の消費賃金額は次式で求まります。

> 当月消費賃金額＝当月賃金支払額－前月賃金未払額＋当月賃金未払額

例題6－1　次の資料により，当月消費賃金額を求めなさい。

〔資料〕
　当月賃金支払額　￥1,000,000
　前月賃金未払額　￥150,000
　当月賃金未払額　￥130,000

> 解 答

当月消費賃金額 ＝ 当月賃金支払額 － 前月賃金未払額 ＋ 当月賃金未払額
　　　　　　　＝ ¥1,000,000 － ¥150,000 ＋ ¥130,000
　　　　　　　＝ ¥980,000

◇参　考◇

例題6－1に関する仕訳を考えます。
i　月初に前月未払額¥150,000の再振替仕訳を行います。
ii　賃金¥1,000,000の支払い（現金で支払われたとします）。
iii　当月末に当月未払額¥130,000の見越計上を行います。
仕訳は以下のようになります。

i　（借方）未 払 賃 金　　150,000　（貸方）賃　　　　　金　　150,000
ii　（借方）賃　　　　　金　1,000,000　（貸方）現　　　　　金　1,000,000
iii　（借方）賃　　　　　金　　130,000　（貸方）未 払 賃 金　　130,000

4　消費賃金

直接工の賃金消費額は以下の式で計算されます。

$$賃金消費額 ＝ 消費賃率 \times 作業量$$

作業量は作業時間数あるいは出来高数を用います。

消費賃率には実際賃率と予定賃率があり，実際賃率には実際個別賃率（従業員別の賃率）と実際平均賃率（製造部門全体，職場別あるいは職種別の平均賃率）があります。直接工の実際消費賃率は次式で求まります。

$$実際消費賃率 ＝ （直接工の賃金）\div （直接工の総作業時間）$$

例題6－2 次の資料により当月の実際消費賃率を求めなさい。

〔資料〕
i　当月賃金消費額　　　¥84,000
ii　当月の総実際作業時間　30時間

解　答

　　¥84,000 ÷ 30時間 ＝ @¥2,800/H

5　予定消費賃率を用いた計算

　消費賃金の計算には予定賃率を用いることがあります。予定平均賃率は以下の式で求まります。

> 予定平均賃率 ＝ （予定支払賃金総額）÷（予定作業時間数）

　予定賃率で計算する場合は消費賃金勘定を設けて処理する方法と賃金勘定だけで処理する方法があります。

(1)　消費賃金勘定を設けて処理する方法
　予定賃率による予定消費高を消費賃金勘定の貸方に記入し，実際賃率による実際消費高を消費賃金勘定の借方に記入します。消費賃金勘定の差額は賃率差異勘定に振り替えます。

(2)　賃金勘定だけで処理する方法
　予定賃率による予定消費高を賃金勘定の貸方に記入します。実際賃率による実際消費高が判明した後，予定賃率による予定消費高との差額を賃率差異勘定に振り替えます。

例題 6 - 3 次の賃金の資料にもとづいて、必要な仕訳を行い、各勘定に記入しなさい。①消費賃金勘定を設けて処理する方法と②賃金勘定だけで処理する方法の2通りの方法で解答しなさい。

〔資料〕
i 当月の直接賃金は¥3,500,000、間接賃金は¥1,600,000である。ただし、賃金消費高は予定平均賃率を用いて計算している。
ii 当月賃金実際消費額は¥5,000,000である。
iii 月末に、予定消費額と実際消費額との差額を賃率差異勘定に振り替える。

解　答

① 消費賃金勘定を設けて処理する方法

i （借方）仕　掛　品　3,500,000　（貸方）消　費　賃　金　5,100,000
　　　　　製造間接費　1,600,000

ii （借方）消　費　賃　金　5,000,000　（貸方）賃　　　　金　5,000,000

iii （借方）消　費　賃　金　100,000　（貸方）賃　率　差　異　100,000

```
           賃　金                          消費賃金
      |  ii   5,000,000          ii   5,000,000 |  i   5,100,000
                                 iii    100,000 |

          賃率差異                         仕　掛　品
      |  iii    100,000          i   3,500,000 |

         製造間接費
   i   1,600,000 |
```

② 賃金勘定だけで処理する方法

i （借方）仕　掛　品　3,500,000　（貸方）賃　　　　金　5,100,000
　　　　　製造間接費　1,600,000

iii （借方）賃　　　　金　100,000　（貸方）賃　率　差　異　100,000

賃 金	
iii	100,000	i	5,100,000

賃 率 差 異	
		iii	100,000

仕 掛 品	
i	3,500,000		

製 造 間 接 費	
i	1,600,000		

練習問題6-1 次の賃金の資料にもとづいて,必要な仕訳を行い,各勘定に記入しなさい。①消費賃金勘定を設けて処理する方法と②賃金勘定だけで処理する方法の2通りの方法で解答しなさい。

〔資料〕
i 当月の直接賃金は¥3,500,000,間接賃金は¥1,600,000である。ただし,賃金消費高は予定平均賃率を用いて計算している。
ii 当月賃金実際消費額は¥5,300,000である。
iii 月末に,予定消費額と実際消費額との差額を賃率差異勘定に振り替える。

解　答

① **消費賃金勘定を設けて処理する方法**

i （借方）仕　掛　品　　3,500,000　（貸方）消　費　賃　金　5,100,000
　　　　　製 造 間 接 費　1,600,000

ii （借方）消　費　賃　金　5,300,000　（貸方）賃　　　　　金　5,300,000

iii （借方）賃　率　差　異　　200,000　（貸方）消　費　賃　金　　200,000

賃 金	
		ii	5,300,000

消 費 賃 金	
ii	5,300,000	i	5,100,000
		iii	200,000

賃 率 差 異	
iii	200,000		

仕 掛 品	
i	3,500,000		

製 造 間 接 費	
i	1,600,000		

② **賃金勘定だけで処理する方法**

ⅰ （借方）仕　掛　品　　3,500,000　　（貸方）賃　　　　金　5,100,000
　　　　　製 造 間 接 費　1,600,000
ⅲ （借方）賃 率 差 異　　　200,000　　（貸方）賃　　　　金　　 200,000

```
         賃        金                    賃 率 差 異
            ｜ ⅰ  5,100,000         ⅲ  200,000 ｜
            ｜ ⅲ    200,000

         仕   掛   品                    製造間接費
 ⅰ  3,500,000 ｜                 ⅰ  1,600,000 ｜
```

VII 経費の計算

1 経費の定義

　製造原価を形態別に分類すれば，材料費，労務費および経費となります。原価計算基準によれば，材料費は物品の消費によって生ずる原価，労務費は労働用役の消費によって生ずる原価とそれぞれ定義されますが，経費は材料費および労務費以外の原価要素として消極的に定義されています。この背景としては，かつて原価と言えば，材料費と労務費が相当な割合を占め，原価構成に占める経費の割合は低いものでした。さらに，経費はその種類が多い上に，各費目が少額にとどまるため，材料費や労務費に対して，その他の費目と理解されてきました。

　しかしながら，その後の製造環境の変化により経費の割合が相対的に上昇しています。たとえば，生産方法が人手から機械へと移行すれば，原価構成に占める労務費の割合が低下するとともに，経費の割合は上昇します。さらに，特定の工場や生産ラインにおいて製造する製品が少品種から多品種になると，生産準備などがこれまで以上に必要となるため，経費は増加します。

2 経費の分類

　経費は，材料費や労務費と同様に製品との関連性から直接費と間接費に分類されます。前者では，外注加工賃と特許権使用料が典型例です。外注加工賃は，特定の部品組み立てや製品加工が自社では困難な場合や，自社において可能であっても他社の方が安価に実施できる場合などに発生します。また，特許権使用料は，製品製造のために他社が保有する特許権の使用が必要な場合に発生す

るものです。契約時の一時金や売上高の一定割合として支払われます。これらは特定製品との関連性が明らかな場合に直接経費となります。

他方，後者は，福利施設負担額，福利厚生費，減価償却費，賃借料，保険料，修繕費，電力料，ガス代，水道料，租税公課，旅費交通費，通信費，保管料，棚卸減耗費など多岐にわたり，ほとんどの経費は間接経費となります。

経費は製造活動に要した消費額の算定方法をもとに，(1)支払経費，(2)月割経費，(3)測定経費，および(4)発生経費に分類されます。

(1) 支払経費

外注加工賃，修繕費，旅費交通費のように，請求額や支払額にもとづいて消費額を把握します。経費の基本的な算定方法です。ただし，未払や前払がある場合には下記のような調整が必要となります。

```
当月消費額 ＝ 当月支払額 ＋ 当月未払額 － 当月前払額
         － 先月未払額 ＋ 先月前払額
```

(2) 月割経費

保険料や賃借料では月払いの他に半年分や一年分の前払いも行われます。このような場合，支払経費ではなく月割経費となります。また，減価償却費のように年間発生額の計上が一般的な場合には原価計算期間に合わせて，年間発生額を月割りし，当月の消費額を把握します。

(3) 測定経費

電力料や水道料は毎月支払われるため支払経費となりますが，計測器を設置している場合には，計測器から消費量を明らかにし，消費量に単価を乗じて計測額を消費額とします。計測は工場ごとに行うこともあれば，工場内の生産ラインごとで行うこともあり，後者の方が前者よりも算定の精度が高くなります。

(4) 発生経費

材料の移動や保管中の破損等を原因として発生する棚卸減耗費が典型例です。

支出を伴わないため，保有資産の価値減少という事実にもとづいて算定します。月間の実際発生額を消費額とみなします。年間発生額が安定的で見積り可能な場合には月割経費とすることもできます。

以上では算定方法に対応する典型的な費目を示しましたが，特定の算定方法と費目が常に対応しているわけではありません。たとえば，保険料を毎月支払っている場合には，月割経費でなく支払経費となり，電力料や水道料も消費量を測定しない場合には支払経費となります。

3 経費の集計

経費は当月の消費額を集計した後，直接費の場合には製造（仕掛品）勘定に，間接費の場合には製造間接費勘定にそれぞれ月末に振替えます。経費の記帳では，(1)経費に属する各勘定を用いる方法，(2)経費勘定を用いる方法，および(3)経費に関する特定の勘定を用いない方法があります。以下では特許権使用料（直接経費）と保険料（間接経費）によって例示します。また，発生額＝消費額でない場合，例題のように当月消費額の計算が必要です。

(1) **各勘定を用いる方法**
① 消費時　（借方）特許権使用料　×××　（貸方）未　払　金　×××
　　　　　　（借方）保　険　料　×××　（貸方）未払保険料　×××
② 振替時　（借方）製　　　造　×××　（貸方）特許権使用料　×××
　　　　　　（借方）製造間接費　×××　（貸方）保　険　料　×××

(2) **経費勘定を用いる方法**
① 消費時　（借方）経　　　費　×××　（貸方）未　払　金　×××
　　　　　　（借方）経　　　費　×××　（貸方）未払保険料　×××
② 振替時　（借方）製　　　造　×××　（貸方）経　　　費　×××
　　　　　　（借方）製造間接費　×××　（貸方）経　　　費　×××

(3) 特定の勘定を用いない方法

① 消費時　（借方）製　　　　造　×××　（貸方）未　払　　金　×××
　　　　　　（借方）製 造 間 接 費　×××　（貸方）未 払 保 険 料　×××

例題7－1　以下の経費について当月消費額を求めなさい。

(1) 外注加工賃の当月支払高は62,000円，当月未払高は12,000円，当月前払高は14,000円である。
(2) 減価償却費は取得原価3,000,000円，耐用年数5年，残存価額0円という条件下で定額法により計算する。
(3) 賃借料は半年分300,000円を前払いしている。
(4) 電力料の今月請求額は50,000円，測定額は48,000円である。
(5) ガス代の基本料金は20,000円，1㎥当たり単価@1,000円であり，今月の使用量は35㎥である。
(6) 今月末の帳簿棚卸数量は200個，実地棚卸数量は197個であり，材料単価は@2,000円である。

解答・解説

(1) 当月支払高は62,000円＋当月未払高12,000円－当月前払高14,000円＝60,000円である。
(2) 年間の減価償却費は3,000,000円÷5年＝600,000円，これを月割りして，600,000円÷12ヵ月＝50,000円である。
(3) 300,000円÷6ヵ月＝50,000円。
(4) 請求額の50,000円でなく，測定額の48,000円が消費額となる。
(5) 基本料金20,000円＋@1,000円×35㎥＝55,000円。
(6) @2,000円×（帳簿棚卸数量200個－実地棚卸数量197個）＝6,000円。

製造間接費の計算

1　製造間接費の配賦計算と予定配賦

　製造間接費とは，各種の製品に対し共通的に発生し，特定の製品にいくらかかったか直接認識できない原価です。前章までに述べられてきた費目別計算のうち，間接材料費，間接労務費，間接経費で構成されます。

　製造直接費は，特定の製品の原価として直接認識できるので，各製品に直接集計（賦課・直課）することができます。これに対して，製造間接費は製品別に把握することができないので，何らかの適切な基準を用いて各製品（製造指図書別）に配賦しなければなりません。この配賦のための基準を，製造間接費配賦基準といいます。配賦基準には直接材料費法，直接労務費法，素価法，直接作業時間法，機械運転時間法などがあります。

　製造間接費を各製品（製造指図書別）に配賦するためには，製造間接費配賦率を計算します。この配賦率にもとづいて各製品への製造間接費配賦額を計算します。実際配賦率を用いて製造間接費を製品に配賦する方法を，製造間接費の実際配賦といいます。

実際配賦率 ＝（一原価計算期間の製造間接費実際発生額）
　　　　　　÷（一原価計算期間の実際配賦基準数値）
実際配賦額 ＝ 実際配賦率×各製品（製造指図書別）の実際操業度

しかしながら，製造間接費を実際配賦すると，月末まで製造間接費の実際配賦率が算定されず，実際配賦額も計算できないことになります。この計算の遅延は，月中で完成し販売した製品原価が月末まで不明のままになります。また，季節の変動性によって，同一製品であっても月ごとに製品原価が大きく異なる可能性もあります。予定配賦率を用いることで，月末を待たずに製品の配賦額の計算が可能になります。これを，計算の迅速性の確保といいます。また，予定配賦率を用いるため，たとえ操業度が変化しても製品への配賦額は等しくなります。これを，配賦率の季節的変動性の防止といいます。さらに，製造間接費の実際発生額と予定配賦額の比較を行うことによって，原価管理への役立ちも期待できます。これらの長所によって，製造間接費の配賦は，予定配賦を「製造間接費正常配賦」としています。

製造間接費の予定配賦は，①予定配賦率の計算，②予定配賦額の算定，③実際発生額と予定配賦額との差額（製造間接費配賦差異）の算定，の順序で行います。
　① 予定配賦率の計算
　　予定配賦率＝（一会計期間の製造間接費予算額）÷（基準操業度）
　② 予定配賦額の算定
　　予定配賦額＝各製品（製造指図書別）の実際操業度×予定配賦率
　③ 実際発生額と予定配賦額との差額（製造間接費配賦差異）の算定
　　製造間接費配賦差異＝（予定配賦額）−（実際発生額）

この計算結果が，マイナス（−）であれば不利差異あるいは借方差異，プラス（＋）であれば有利差異あるいは貸方差異といいます。この差異が少額の場合は，原則として会計期末に売上原価に賦課します。また，この差異がなぜ発生したのかを分析し，発生原因を排除するような是正行動を起こすことが可能になります。この分析については，後の章で学びます。

2 製造間接費の記帳

製造間接費予定配賦において算定される差額を製造間接費配賦差異といい，⑴不利差異（借方差異）と⑵有利差異（貸方差異）のいずれかが発生します。

以下，(1)(2)について，記帳手続を示します。

(1) 不利差異が発生する場合 ➡ （予定配賦額）＜（実際発生額）
　① 製造間接費予定配賦額の集計　仕掛品××／製造間接費××
　② 製造間接費実際発生額の集計　製造間接費××／材料××
　　　　　　　　　　　　　　　　　　　　　　賃金・給料××
　　　　　　　　　　　　　　　　　　　　　　経費××
　③ ①と②の差額（製造間接費配賦差異）の算定（月末）
　　　　　　　　　　　　製造間接費配賦差異××／製造間接費××
　④ 製造間接費配賦差異勘定の残高を売上原価勘定に振替（会計期末）
　　　　　　　　　　　　売上原価××／製造間接費配賦差異××

(2) 有利差異が発生する場合 ➡ （予定配賦額）＞（実際発生額）
　① 製造間接費予定配賦額の集計　仕掛品××／製造間接費××
　② 製造間接費実際発生額の集計　製造間接費××／材料××
　　　　　　　　　　　　　　　　　　　　　　賃金・給料××
　　　　　　　　　　　　　　　　　　　　　　経費××
　③ ①と②の差額（製造間接費配賦差異）の算定（月末）
　　　　　　　　　　　　製造間接費××／製造間接費配賦差異××
　④ 製造間接費配賦差異勘定の残高を売上原価勘定に振替（会計期末）
　　　　　　　　　　　　製造間接費配賦差異××／売上原価××

例題8－1　4月期は，製品A（製造指図書番号　♯1），製品B（製造指図書番号　♯2），製品C（製造指図書番号　♯3）の3製品の受注生産を行った。4月期における次の資料によって，製品Aへの製造間接費実際配賦額を，以下(1)～(5)の方法で算定しなさい。

（4月期の資料）
　製造間接費　総額　2,160,000円
　直接材料費　総額　2,880,000円
　直接労務費　総額　4,320,000円
　直接作業時間　合計　12,000時間
　機械運転時間　合計　24,000時間

A製品　直接材料費　720,000円
A製品　直接労務費　840,000円
A製品　直接作業時間　4,000時間
A製品　機械運転時間　5,600時間

(1) 直接材料費法
(2) 直接労務費法
(3) 素価法（素価＝直接材料費＋直接労務費）
(4) 直接作業時間法
(5) 機械運転時間法

解答・解説

(1) $2,160,000 \times 720,000 \div 2,880,000 = 540,000$ （円）
(2) $2,160,000 \times 840,000 \div 4,320,000 = 420,000$ （円）
(3) $2,160,000 \times (720,000 + 840,000) \div (2,880,000 + 4,320,000) = 468,000$ （円）
(4) $2,160,000 \times 4,000 \div 12,000 = 720,000$ （円）
(5) $2,160,000 \times 5,600 \div 24,000 = 504,000$ （円）

例題8-2　5月期は，製品A（製造指図書番号　♯1），製品B（製造指図書番号　♯2），製品C（製造指図書番号　♯3）の3製品の受注生産を行った。5月期における次の資料によって予定配賦率を算定し，製品A，製品B，製品Cへの製造間接費予定配賦額を計算しなさい。

（5月期の資料）
- 製造間接費は，直接作業時間基準として予定配賦を行っている。
- 年間の予定直接作業時間は2,000時間，年間の製造間接費予算額は4,000,000円である。
- 5月期実際作業時間は120時間であった。内訳は，製品Aが40時間，製品Bが50時間，製品Cが30時間であった。

解答・解説

製造間接費予定配賦率 ＝ 年間の製造間接費予算額 ÷ 年間の予定直接作業時間
　　　　　　　　　＝ 4,000,000円 ÷ 2,000時間 ＝ 2,000円／時間
製品Aへの製造間接費配賦額　2,000×40＝80,000（円）
製品Bへの製造間接費配賦額　2,000×50＝100,000（円）
製品Cへの製造間接費配賦額　2,000×30＝60,000（円）

練習問題8－1　6月期は受注製品A（製造指図書番号 ♯1，♯2，♯3）の3件の注文を製造した。下記の6月期の資料および6月期の取引にもとづき，以下の設問に答えなさい。

（6月期の資料）
① 製造間接費は，機械運転時間を基準として予定配賦を行っている。年間の予定機械運転時間は2,000時間，年間の製造間接費予算は700,000円である。
② 原価計算期間は月初から月末で，給与計算期間は前月21日より当月20日までである。
③ 6月1日時点では，仕掛品（未完成品）はなかった。6月30日現在，未完成品はなかったが，製造指図書番号♯3は未渡しであった。

（6月期の取引）
(1) 6月1日時点での主要材料の有高は＠1,000円×100kg，当月仕入高は＠1,200円×400kg，当月の消費量は400kgであった。内訳は，製造指図書番号♯1：100kg，♯2：130kg，♯3：170kgであった。総平均法により，当月の主要材料消費高を計上した。
(2) 直接工賃金の6月期消費高400,000円を計上した。内訳は，製造指図書番号♯1：120,000円，♯2：130,000円，♯3：150,000円であった。
(3) 6月分の外注加工費20,000円を，受注製品番号♯1のみに計上した。
(4) 当月の実際機械運転時間は，880時間であった。内訳は，製造指図書番号♯1：310時間，♯2：200時間，♯3：370時間であった。製造間接費配賦比率を算定し，受注製品番号♯1，♯2，♯3に製造間接費を予定配賦した。
(5) 補助材料の6月1日時点での有高は50,000円，6月期仕入高は90,000円，6月30日時点の有高は30,000円であった。6月期の補助材料消費高を計上した。
(6) 間接工賃金・給料の6月期消費高を計上した。なお，6月期支払高は200,000円，6月末未払高は20,000円，5月末未払高は40,000円であった。

(7) 6月分の減価償却費20,000円を計上した。
(8) 6月の製造間接費の実際発生額と予定配賦額との差額を原価差異（製造間接費配賦差異）として計上した。なお，取引の(5)(6)(7)以外に12,000円の製造間接費がすでに計上されている。

設問1
(1)から(8)までの取引を仕訳し，製造間接費勘定を完成しなさい。ただし，使用する勘定科目は下記の勘定科目群から適切なものを選択すること。
（勘定科目群）　現金・預金　材料　賃金・給料　製造間接費　外注加工費
　　　　　　　　減価償却費　仕掛品　製品　売上原価　製造間接費配賦差異

設問2
解答欄の6月期の製造指図書別原価計算表を完成しなさい。

[**解答欄**]
設問1

製造間接費

材料		仕掛品	
賃金・給料		製造間接費配賦差異	
減価償却費			
諸勘定	12,000		

	借方		貸方	
	勘定科目	金額	勘定科目	金額
(1)				
(2)				
(3)				
(4)				
(5)				
(6)				
(7)				
(8)				

VIII 製造間接費の計算

設問 2

受注番号	♯1	♯2	♯3
月初仕掛品	—	—	—
直接材料費			
直接労務費			
直接経費		—	
製造間接費配賦額			
当月製造費用			
月末仕掛品	—	—	—
完成品原価			
顛末	完成・引渡済	完成・引渡済	完成・未渡し

解答・解説

設問 1

(1) （借方）仕 掛 品　464,000　（貸方）材　　　　料　464,000
(2) （借方）仕 掛 品　400,000　（貸方）賃 金 ・ 給 料　400,000
(3) （借方）仕 掛 品　 20,000　（貸方）外 注 加 工 費　 20,000
(4) （借方）仕 掛 品　308,000　（貸方）製 造 間 接 費　308,000
(5) （借方）製 造 間 接 費　110,000　（貸方）材　　　　料　110,000
(6) （借方）製 造 間 接 費　180,000　（貸方）賃 金 ・ 給 料　180,000
(7) （借方）製 造 間 接 費　 20,000　（貸方）減 価 償 却 費　 20,000
(8) （借方）製 造 間 接 費　 14,000　（貸方）製造間接費配賦差異　 14,000

製造間接費

材料	110,000	仕掛品	308,000
賃金・給料	180,000	製造間接費配賦差異	14,000
減価償却費	20,000		
諸勘定	12,000		

設問 2

受注番号	♯1	♯2	♯3
月初仕掛品	—	—	—
直接材料費	116,000	150,800	197,200
直接労務費	120,000	130,000	150,000
直接経費	20,000	—	—
製造間接費配賦額	108,500	70,000	129,500
当月製造費用	364,500	350,800	476,700
月末仕掛品	—	—	—
完成品原価	364,500	350,800	476,700
顛末	完成・引渡済	完成・引渡済	完成・未渡し

(1) @1,000円×100kg+@1,200円×400kg=580,000円
　　580,000円÷500kg=1,160円／kg
　　　　製造指図書番号♯1：1,160円／kg×100kg=116,000円
　　　　　　　　　　♯2：1,160円／kg×130kg=150,800円
　　　　　　　　　　♯3：1,160円／kg×170kg=197,200円
　　　　　　　　　　　　　　　　　　　　直接材料費　464,000円

(2) 製造指図書番号♯1：120,000円
　　　　　　　　　♯2：130,000円
　　　　　　　　　♯3：150,000円　　　　直接労務費　400,000円

(3) 製造指図書番号♯1：20,000円　　　　直接経費　20,000円

(4) （資料）①より，製造間接費配賦率は，700,000円÷2,000時間＝350円／時間
　　と算定される。
　　　　製造指図書番号♯1：350円／時間×310時間＝108,500円
　　　　　　　　　　♯2：350円／時間×200時間＝ 70,000円
　　　　　　　　　　♯3：350円／時間×370時間＝129,500円
　　　　　　　　　　　　　　　　製造間接費予定配賦額　308,000円

(5) 間接材料費　実際発生額　50,000円+90,000円−30,000円=110,000円

(6) 間接労務費　実際発生額　200,000円+20,000円−40,000円=180,000円

(7) 間接経費　20,000円

(8) 製造間接費実際発生額合計
 ＝(5)110,000円＋(6)180,000円＋(7)20,000円＋12,000円＝322,000円
製造間接費配賦差異
 ＝製造間接費予定配賦額　308,000円－322,000円＝14,000円（不利差異）

原価の部門別計算

1 部門別計算の意義と目的

　原価の部門別計算とは，費目別計算で把握された原価要素を，原価部門別に分類集計する手続です。
　原価部門（部門）とは，原価要素を分類集計する計算組織上の区分です。
　部門別計算の目的は，製品原価のより正確な計算と，原価管理（コスト・コントロール）のための原価資料の提供です。製造間接費の合理的な配賦により，製品原価の算定が正確となり，また原価をその発生場所で分類集計することにより，効果的な原価管理が可能となります。

2 原価部門の設定

　原価部門の設定基準は，部門別計算の目的によって異なります。部門別計算の目的として正確な製品原価の計算が重視される場合は，工場での作業の種類別に部門設定が行われます。部門別計算の目的として有効な原価管理が重視される場合には，職能上の権限と責任の区分にしたがって部門設定が行われます。
　製造業では，一般に原価部門は，機能別に製造部門と補助部門とに分けられ，補助部門はさらに補助経営部門と工場管理部門とに分けられます。

(1) 製造部門

　製品を製造する直接作業が行われる部門のことで，例えば機械製造業での鋳造，鍛造，機械加工，組立等の各部門がこれにあたります。

(2) 補助部門

製造部門を補助する関係にある部門のことです。

① 補助経営部門

製品の製造には直接関与せず，自己のサービスや生産物を主に生産部門に供給する部門のことで，例えば動力部，修繕部，検査部などがあります。

② 工場管理部門

製造部門と補助経営部門のために管理的機能を行う部門のことで，例えば材料管理部，試験研究部，工場管理部等があります。

3　部門別計算の手続

部門別計算で原価部門に分類集計される原価要素の範囲は，部門別計算の目的や原価計算の形態によって異なります。例えば個別原価計算（XIIIで学習します）が行われている工場で，製品原価の計算を主たる目的とする場合には，製造間接費だけが部門別に計算されます。これに対して，工程別総合原価計算（XIIで学習します）が行われている工場では，原則としてすべての原価要素が部門別に集計されます。以下，本章では，製造間接費のみを部門費として説明します。

(1) 部門個別費と部門共通費

原価部門に集計される原価費目は，ある原価部門においてのみ発生したことが明らかな部門個別費と，複数の部門について共通に発生した部門共通費とに分かれます。部門個別費の例としては，特定の部門に所属する工具・職員の賃金・給料や，特定の部門でのみ使用されている機械の減価償却費などがあります。工場建物減価償却費は，その建物に特定の部門だけが入っている場合は部門個別費ですし，二つ以上の部門が入っているならば部門共通費となります。

部門個別費は，どの部門で発生したかが判っているので，その部門に直接賦課しますが，部門共通費は，その発生額に関係のある適切な配賦基準にもとづいて各部門に配賦します。

部門共通費の配賦基準としては，次のようなものがあります。

（部門共通費）	（配賦基準）
工場建物減価償却費・保険料	各部門占有床面積
機械保険料	各部門機械帳簿価額
電力料	各部門機械運転時間・消費電力
福利施設負担額	各部門従業員数

(2) 部門直接費の賦課と部門共通費の配賦（第1次集計）

部門個別費は，それが発生した部門に直接賦課します。各部門に共通して発生した部門共通費は適切な配賦基準により，各部門に配賦します。部門個別費を各部門に賦課し，部門共通費を各部門へ配賦する手続を，部門費の第1次集計とよびます。集計された部門個別費と部門共通費の一覧は，部門費集計表とよばれます。

例題9-1　以下の資料により，部門費集計表を完成しなさい。

〔資料〕
各部門の部門個別費：切削部門￥100,000，組立部門￥200,000，修繕部門￥38,200，
　　　　工場管理部門（以下，管理部門と略）￥31,800（合計￥370,000）
部門共通費：電力料￥25,500，工場建物保険料￥10,000，
　　　　福利施設負担額￥13,500（合計￥49,000）

部門共通費費配賦基準

部門共通費	配賦基準	製　造　部　門		補　助　部　門		配賦基準合　計
		切削部門	組立部門	修繕部門	管理部門	
電　力　料	消費電力(kwh)	42,000	21,000	7,500	6,000	76,500
工場建物保険料	床面積(m²)	30,000	18,000	6,000	6,000	60,000
福利施設負担額	従業員数(人)	30	60	15	30	135

部門費集計表

部門費	合計	配賦基準	製造部門		補助部門	
			切削部門	組立部門	修繕部門	管理部門
部門個別費						
部門共通費						
電力料		消費電力				
工場建物保険料		床面積				
福利施設負担額		従業員数				
部門費合計						

解 答

部門費集計表

部門費	合計	配賦基準	製造部門		補助部門	
			切削部門	組立部門	修繕部門	管理部門
部門個別費	370,000		100,000	200,000	38,200	31,800
部門共通費						
電力料	25,500	消費電力	14,000	7,000	2,500	2,000
工場建物保険料	10,000	床面積	5,000	3,000	1,000	1,000
福利施設負担額	13,500	従業員数	3,000	6,000	1,500	3,000
部門費合計	419,000		122,000	216,000	43,200	37,800

解 説

まず部門個別費欄に各部門の部門個別費と合計金額を記入します。

次に各部門共通費を原価費目ごとに配賦基準により各部門に配賦し，合計額が資料と同じであることを確認します。

最後に各部門に集計された金額の合計（縦の合計）を部門費合計欄（一番下の行）に記入し，これらの合計（横の合計）が合計の欄の縦の合計と一致することを確認します。

(3) 補助部門費の製造部門への配賦（第2次集計）

　合理的な製品原価を計算するためには，製品が通過しない各補助部門に集計された補助部門費を，製造部門に配賦しておく必要があります。第1次集計により各補助部門に集計された各補助部門費を，各製造部門に配賦することを部門費の第2次集計とよびます。第2次集計の結果，各補助部門に集計された製造間接費は，製造部門にだけ集計されることになります。

　補助部門費を製造部門に配賦するための基準として，各製造部門が補助部門からのサービスの提供をどれだけ受けたかを示す配賦基準が用いられます。

　補助部門費を製造部門に配賦する方法には，補助部門間のサービスの授受をどのように考慮するかによって，直接配賦法，相互配賦法等があります。

　直接配賦法とは，補助部門間のサービスの授受を無視して，製造部門にのみ配賦を行う方法です。

　これに対して相互配賦法とは，補助部門間のサービスの授受も考慮して計算を行い，最終的にすべての補助部門費を製造部門にのみ配賦する方法です。

　相互配賦法には，純粋な相互配賦法と簡便法としての相互配賦法がありますが，純粋な相互配賦法を行うには，連続配賦法により計算を繰り返したり，連立方程式を立てて各補助部門からの配賦額を求めたりする必要があります（最近ではExcel等を使って連立方程式を解くことは簡単になりました）。日商2級で出題される相互配賦法は，簡便法としての相互配賦法であり，第1次配賦は相互配賦法で行い，第2次配賦では直接配賦法により製造部門にのみ配賦を行います。

例題9-2　例題9-1の解答の補助部門費を，①直接配賦法と②簡便法としての相互配賦法によって製造部門に配賦しなさい。補助部門費の配賦基準は次の資料によること。

〔資料〕

補助部門費配賦基準

補助部門	配賦基準	製造部門		補助部門		配賦基準合計
		切削部門	組立部門	修繕部門	管理部門	
修繕部門	修繕回数（回）	20	16	6	4	46
管理部門	従業員数（人）	30	60	15	30	135

① 直接配賦法

補助部門費配賦表

	合計	製造部門		補助部門	
		切削部門	組立部門	修繕部門	管理部門
部門費合計	419,000	122,000	216,000	43,200	37,800

② 簡便法としての相互配賦法

補助部門費配賦表

	合計	製造部門		補助部門	
		切削部門	組立部門	修繕部門	管理部門
部門費合計	419,000	122,000	216,000	43,200	37,800

IX 原価の部門別計算

解 答

① 直接配賦法

補助部門費配賦表

	合 計	製 造 部 門		補 助 部 門	
		切削部門	組立部門	修繕部門	管理部門
部門費合計	419,000	122,000	216,000	43,200	37,800
部門費配賦					
修繕部門	43,200	24,000	19,200		
管理部門	37,800	12,600	25,200		
製造部門費合計	419,000	158,600	260,400		

② 簡便法としての相互配賦法

補助部門費配賦表

	合 計	製 造 部 門		補 助 部 門	
		切削部門	組立部門	修繕部門	管理部門
部門費合計	419,000	122,000	216,000	43,200	37,800
補助部門費第1次配賦					
修繕部門	43,200	21,600	17,280	—	4,320
管理部門	37,800	10,800	21,600	5,400	—
補助部門費第2次配賦				48,600	42,120
修繕部門	5,400	3,000	2,400		
管理部門	4,320	1,440	2,880		
製造部門費合計	419,000	158,840	260,160		

解　説

① 修繕部門費の配賦基準は，各部門で行われた修繕の回数です。直接配賦法では補助部門間のサービスの授受は無視するので，修繕部門費￥43,200を，切削部門での修繕回数20回：組立部門での修繕回数16回の比率となるように配賦します。

切削部門への修繕部門費配賦額：
　￥43,200×20回÷(20回＋16回)＝￥24,000
組立部門への修繕部門費配賦額：
　￥43,200×16回÷(20回＋16回)＝￥19,200

同様に管理部門費￥37,800は，配賦基準を従業員数として，切削部門の従業員数30人：組立部門の従業員数60人の比率となるように配賦します。

切削部門への管理部門費配賦額：
　￥37,800×30人÷(30人＋60人)＝￥12,600
組立部門への管理部門費配賦額：
　￥37,800×60人÷(30人＋60人)＝￥25,200

各製造部門への補助部門費配賦額を合計した結果が，製造部門費合計となります。

② 第1次配賦では補助部門間のサービスの授受を考慮するので，修繕部門費を，切削部門での修繕回数20回：組立部門での修繕回数16回：管理部門での修繕回数4回の比率で配賦します(簡便法としての相互配賦法では，修繕部門での修繕回数6回は無視します)。

切削部門への修繕部門費第1次配賦額：
　￥43,200×20回÷(20回＋16回＋4回)＝￥21,600
組立部門への修繕部門費第1次配賦額：
　￥43,200×16回÷(20回＋16回＋4回)＝￥17,280
管理部門への修繕部門費第1次配賦額：
　￥43,200× 4回÷(20回＋16回＋4回)＝￥4,320

管理部門費は，切削部門の従業員数30人：組立部門の従業員数60人：修繕部門の従業員数15人の比率で配賦します(管理部門の従業員数30人は無視します)。

切削部門への管理部門費第1次配賦額：
　￥37,800×30人÷(30人＋60人＋15人)＝￥10,800
組立部門への管理部門費第1次配賦額：
　￥37,800×60人÷(30人＋60人＋15人)＝￥21,600

修繕部門への管理部門費第1次配賦額：
　　¥37,800×15人÷(30人+60人+15人)＝¥5,400

　次に第2次配賦では，直接配賦法により製造部門にのみ配賦を行います。第1次配賦で修繕部門に配賦された¥5,400を，切削部門での修繕回数20回：組立部門での修繕回数16回の比率で配分します（この¥5,400は，第1次配賦により管理部門から配賦されたものですが，今は修繕部門費になっているので，配賦基準は修繕回数です）。

切削部門への修繕部門費第2次配賦額：
　　¥5,400×20回÷(20回+16回)＝¥3,000
組立部門への修繕部門費第2次配賦額：
　　¥5,400×16回÷(20回+16回)＝¥2,400

管理部門費についても，第1次配賦で修繕部門から配賦された¥4,320を，切削部門の従業員数30人：組立部門の従業員数60人の比率で配賦します。

切削部門への管理部門費第2配賦額：
　　¥4,320×30人÷(30人+60人)＝¥1,440
組立部門への管理部門費第2配賦額：
　　¥4,320×60人÷(30人+60人)＝¥2,880

　各製造部門への第1次配賦額と第2次配賦額を合計して製造部門費合計を求めます。

(4) 実際配賦と予定配賦

　補助部門費の製造部門への配賦においても，予定配賦が行われます。製造間接費の配賦に実際配賦率を用いると，配賦率が月ごとに変動する，または計算が遅れるという問題が生じることは，前章Ⅷで学習しました。これに加えて，補助部門費の配賦に実際配賦率を用いると，補助部門費の総額が前月と変化せず，またある製造部門でのサービスの利用数量が変化しなくても，他の製造部門でのサービスの利用数量の変化により，配賦される補助部門費が前月と異なるという不合理が生ずるからです。

　このため，補助部門費の予定配賦率を

　　補助部門費予定配賦率＝補助部門費予定発生額÷予定配賦基準総量

として計算しておき，これに各製造部門での実際配賦基準量を掛けて，各製造部門への補助部門費予定配賦額を決定します。

補助部門費の実際額と予定配賦額との差額は，前章Ⅷで学習したように，期間中は繰り延べておき，会計期間末においてもなお残っている差額を，当該期間の売上原価に加減して処理します。

4 製造部門費の製品への配賦

各補助部門費の配賦が終わった製造部門費は，次に各製造部門の作業を受けた製品に配賦されます。本章では，個別原価計算が行われる場合の製造間接費だけが部門別計算されることになっているので，製造部門費の製品への配賦には，前章Ⅷで学習した製造間接費の製品への配賦方法がそのまま適用されます。それぞれの製造部門での製品への作業時間等を配賦基準として，各製造部門から製品への配賦計算が行われることになります。

練習問題9－1　次の資料の配賦基準により，補助部門費を，①直接配賦法と②簡便法としての相互配賦法によって製造部門に配賦しなさい。

〔資料〕

補助部門費配賦基準

補助部門	配賦基準	製造部門		補助部門			配賦基準
		機械加工部門	組立部門	動力部門	修繕部門	工場管理部門	合計
動力部門	機械運転時間(hr)	2,500	1,750	1,250	750	―	6,250
修繕部門	修繕作業時間(hr)	35	30	10	5	―	80
工場管理部門	従業員数(人)	20	30	15	15	20	100

① 直接配賦法

補助部門費配賦表

	合計	製造部門		補助部門		
		機械加工部門	組立部門	動力部門	修繕部門	工場管理部門
部門費合計	1,614,000	544,000	414,000	340,000	156,000	160,000
補助部門費配賦						
工場管理部門						
修繕部門						
動力部門						
製造部門費合計						

② 簡便的な相互配賦法

補助部門費配賦表

	合計	製造部門		補助部門		
		機械加工部門	組立部門	動力部門	修繕部門	工場管理部門
部門費合計	1,614,000	544,000	414,000	340,000	156,000	160,000
補助部門費第1次配賦						
工場管理部門						
修繕部門						
動力部門						
補助部門費第2次配賦						
修繕部門						
動力部門						
製造部門費合計						

解 答

①直接配賦法

補助部門費配賦表

	合　計	製　造　部　門		補　助　部　門		
		機械加工部門	組立部門	動力部門	修繕部門	工場管理部門
部門費合計	1,614,000	544,000	414,000	340,000	156,000	160,000
補助部門費配賦						
工場管理部門	160,000	64,000	96,000			
修 繕 部 門	156,000	84,000	72,000			
動 力 部 門	340,000	200,000	140,000			
製造部門費合計	1,614,000	892,000	722,000			

②簡便的な相互配賦法

補助部門費配賦表

	合　計	製　造　部　門		補　助　部　門		
		機械加工部門	組立部門	動力部門	修繕部門	工場管理部門
部門費合計	1,614,000	544,000	414,000	340,000	156,000	160,000
補助部門費第1次配賦						
工場管理部門	160,000	40,000	60,000	30,000	30,000	―
修 繕 部 門	156,000	72,800	62,400	20,800	―	
動 力 部 門	340,000	170,000	119,000	―	51,000	
補助部門費第2次配賦				50,800	81,000	―
修 繕 部 門	81,000	43,615	37,385			
動 力 部 門	50,800	29,882	20,918			
製造部門費合計	1,614,000	900,297	713,703			

IX　原価の部門別計算

> 解　説

① 工場管理部門費¥160,000を，機械加工部門の従業員数20人と組立部門の従業員数30人とを基準に配賦するので，

　機械加工部門への工場管理部門費配賦額：
　　¥160,000×20人÷(20人＋30人)＝¥64,000
　組立部門への工場管理部門費配賦額：
　　¥160,000×30人÷(20人＋30人)＝¥96,000

修繕部門費¥156,000は，機械加工部門での修繕作業時間35時間と組立部門での修繕作業時間30時間の比率で配賦するので，

　機械加工部門への修繕部門費配賦額：
　　¥156,000×35時間÷(35時間＋30時間)＝¥84,000
　組立部門への修繕部門費配賦額：
　　¥156,000×30時間÷(35時間＋30時間)＝¥72,000

動力部門費¥340,000は，機械加工部門での機械運転時間2,500時間と組立部門での機械運転時間1,750時間の比率で配賦するので，

　機械加工部門への動力部門費配賦額：
　　¥340,000×2,500時間÷(2,500時間＋1,750時間)＝¥200,000
　組立部門への動力部門費配賦額：
　　¥340,000×1,750時間÷(2,500時間＋1,750時間)＝¥140,000

② 第１次配賦では補助部門間のサービスの授受を考慮するので，工場管理部門費¥160,000を，機械加工部門の従業員数20人：組立部門の従業員数30人：動力部門の従業員数15人：修繕部門の従業員数15人の比率で配賦します。

　機械加工部門への工場管理部門費第１次配賦額：
　　¥160,000×20人÷(20人＋30人＋15人＋15人)＝¥40,000
　組立部門への工場管理部門費第１次配賦額：
　　¥160,000×30人÷(20人＋30人＋15人＋15人)＝¥60,000
　動力部門への工場管理部門費第１次配賦額：
　　¥160,000×15人÷(20人＋30人＋15人＋15人)＝¥30,000
　修繕部門への工場管理部門費第１次配賦額：
　　¥160,000×15人÷(20人＋30人＋15人＋15人)＝¥30,000

修繕部門費¥156,000は，機械加工部門での修繕作業時間35時間：組立部門での修繕作業時間30時間：動力部門での修繕作業時間10時間の比率で配賦します。

機械加工部門への修繕部門費第1次配賦額：
　¥156,000×35時間÷(35時間＋30時間＋10時間)＝¥72,800
組立部門への修繕部門費第1次配賦額：
　¥156,000×30時間÷(35時間＋30時間＋10時間)＝¥62,400
動力部門への修繕部門費第1次配賦額：
　¥156,000×10時間÷(35時間＋30時間＋10時間)＝¥20,800

　動力部門費¥340,000は，機械加工部門での機械運転時間2,500時間：組立部門での機械運転時間1,750時間：修繕部門での機械運転時間750時間の比率で配賦します。
機械加工部門への動力部門費第1次配賦額：
　¥340,000×2,500時間÷(2,500時間＋1,750時間＋750時間)＝¥170,000
組立部門への動力部門費第1次配賦額：
　¥340,000×1,750時間÷(2,500時間＋1,750時間＋750時間)＝¥119,000
修繕部門への動力部門費第1次配賦額：
　¥340,000×750時間÷(2,500時間＋1,750時間＋750時間)＝¥51,000

　修繕部門費の第2次配賦額は，第1次配賦で管理部門から配賦された¥30,000と，動力部門から配賦された¥51,000との合計額¥81,000です。これを機械加工部門での修繕作業時間35時間：組立部門での修繕作業時間30時間の比率で配賦するので，
機械加工部門への修繕部門費第2次配賦額：
　¥81,000×35時間÷(35時間＋30時間)≒¥43,615
組立部門への修繕部門費第2次配賦額：
　¥81,000×30時間÷(35時間＋30時間)≒¥37,385

　動力部門費の第2次配賦額は，第1次配賦で工場管理部門から配賦された¥30,000と，修繕部門から配賦された¥20,800との合計額¥50,800です。これを機械加工部門での機械運転時間2,500時間と組立部門での機械運転時間1,750時間の比率で配賦するので，
機械加工部門への動力部門費第2次配賦額：
　¥50,800×2,500時間÷(2,500時間＋1,750時間)≒¥29,882
組立部門への動力部門費第2次配賦額：
　¥50,800×1,750時間÷(2,500時間＋1,750時間)≒¥20,918

総合原価計算(その1)

1 総合原価計算の特徴

　総合原価計算とは,標準化された製品(標準規格品)を反復・連続して大量生産する生産形態に適用される原価計算であり,個別原価計算と並んで,製品別原価計算の代表的な原価計算です。具体的な業種としては,化学的変化を伴う生産が中心の食品,繊維,製紙,石油精製などや,加工・組立生産が中心の自動車,家電,部品製造など多くの業種で用いられています。

　これらの業種では,標準規格品を連続して大量に生産するため,個別原価計算のように注文ごとに区別できないし,個々の製品の単位当たり製造原価は同額になるので製品1単位ごとに原価を集計する必要もありません。そのため,総合原価計算では製造指図書別ではなく,原価計算期間(1ヵ月間)別に集計することが重要になります。すなわち,1ヵ月間の生産に要した製造原価を総合的に(まとめて)集計し,それを製品の生産量で割り算することで製品単位当たりの製造原価を求めることになります。

2 総合原価計算の種類

　総合原価計算は,生産する製品の種類,生産方法,工程別に原価を集計するか否かによって次のように分類されます。
　　① 単純総合原価計算………a:(単一工程)単純総合原価計算
　　　　　　　　　　　　　　　b:工程別単純総合原価計算
　　② 等級別総合原価計算……a:(単一工程)等級別総合原価計算
　　　　　　　　　　　　　　　b:工程別等級別総合原価計算

③ 組別総合原価計算………a：(単一工程) 組別総合原価計算
　　　　　　　　　　　　b：工程別組別総合原価計算

3　単純総合原価計算の計算原理(1)

　実際の大量生産現場では複数の製品を複数の工程を用いて製造しますが，これでは複雑すぎるので，1種類の製品を1つの工程で生産するという単純化されたモデルを想定します。この生産形態に適応される（単一工程）単純総合原価計算を用いて，総合原価計算の基本的計算原理を学習します。

(1)　直接材料費と加工費

　総合原価計算では，最初に原価計算期間別に製造原価を集計します。そのため製造工程に対して原価がどのように発生するか（原価の発生態様）を基準に，直接材料費（素材費，原料費）と**加工費**（直接材料費以外）とに分類します。
　直接材料費は特定製品の製造に直接消費された材料の消費高をいい，通常は製造工程の始点ですべて投入されます。この場合，直接材料費は製造工程のどの部分にあっても金額は変わりません。材料投入後は，工程を進むにつれてその材料に徐々に加工を施し，製品が完成します。この製品の加工作業に要した消費高を加工費といい，直接材料費以外の製造原価すべてを対象とします。加工費は製造工程を進むにつれて徐々に増加する性質を持っています。以上を表したのが図表10-1です。

図表10-1　原価発生のイメージ

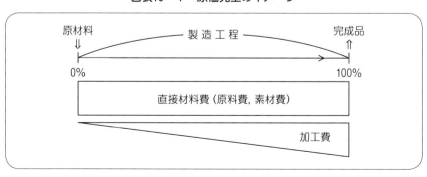

(2) 基本的な計算原理（月初仕掛品がない場合）

総合原価計算の基本原理は，1カ月間の製造活動で発生した原価を総合・集計し，それを完成品原価（完成品に含まれる製造原価）と月末仕掛品原価（月末仕掛品に含まれる製造原価）とに配分することにあります。ここに**月末仕掛品**とは，月末時点で未完成の状態にある製品をいいます。

ここでは，この基本的計算原理を理解するために，月初仕掛品部分（前月に発生した原価部分）がないケースで計算手続きを説明します。

① 1カ月間に要したすべての原価を集計します。この部分を当月製造費用といいます。以下の計算手続きでは，直接材料費部分と加工費部分とに分けて計算します。
② 月末仕掛品原価を計算します。
③ 当月製造費用から月末仕掛品原価を差し引き，完成品原価を計算します。
④ 完成品原価を完成品数量で割り算し，完成品1単位当たりの製造原価（完成品単位原価）を計算します。

この中では，特に②の月末仕掛品原価の計算が重要であり，これを**月末仕掛品の評価**といいます。実際の計算では図表10-2のように仕掛品勘定を用いると理解しやすいでしょう。

図表10-2　原価配分のイメージ（月初仕掛品がない場合）

```
┌─────────────────────仕掛品─────────────────────┐
│                         完成品量          ↑        │
│  当月投入量        ┌─→ ②完成品原価----→ ③完成品単位│
│                   │    （差引計算）      原価の計算 │
│  当月製造費用   （比                     ↓        │
│  （1カ月間に消費した 例                            │
│   すべての製造原価） 配  月末仕掛品量               │
│                   分）                             │
│                   └─→ ①月末仕掛品原価              │
└────────────────────────────────────────────────┘
```

(3) 月末仕掛品原価と完成品原価の配分計算（月初仕掛品がない場合）
① 月末仕掛品がないケース

この場合は，当月に製造を始めた分（当月投入数量）がすべて完成したこと

になるので，特に直接材料費と加工費に分ける必要もなく，当月製造費用がすべて完成品原価となります。よって，完成品単位原価は当月製造費用を完成品数量で割ればいいわけです。

　例えば，当月投入数量が100個で当月製造費用が¥200,000であるとしましょう。これがすべて完成したので，完成品100個分の製造原価（完成品原価）は¥200,000となり，完成品単位原価は¥200,000÷100個＝¥2,000となります。

②　仕掛品と加工進捗度

　実際には継続的に大量生産活動を行っている以上，月末時点で一部の製品が未完成であることは容易に想像できます。この場合，最初に月末仕掛品に含まれる製造原価を計算する必要があります。

　ここで注意しなければならないことは，月末仕掛品についてはまだすべての作業が終了していないことです。すなわち，完成品1単位に含まれる製造原価と月末仕掛品1単位に含まれる製造原価は異なるため，単純に当月製造原価を完成品数量と月末仕掛品数量の割合で配分することはできません。そこで用いる概念が**加工進捗度**です。

　加工進捗度とは，仕掛品について全製造工程中どの程度の作業が完了しているのかを割合で示したもの（30％，0.3などと表記）で，**仕上り程度**ともいいます。例えば月末仕掛品の加工進捗度が50％であれば，全工程の50％しか作業が完了していないので，月末仕掛品1単位に含まれる製造原価は完成品1単位に含まれる製造原価の50％分しか発生していないと考えられます。したがって，この場合の月末仕掛品1単位は完成品に換算したら0.5単位分に相当するわけです。これを仕掛品の**完成品換算数量**といいます。このように総合原価計算では，完成品数量と月末仕掛品の完成品換算数量の割合で完成品と月末仕掛品に原価を配分します。

> 仕掛品の完成品換算数量＝仕掛品数量×加工進捗度

③　月末仕掛品があるケース

　すべての原価が加工進捗度に比例して発生すればいいのですが，図表10−1にあるように工程の始点で全額投入される直接材料費については異なります。すなわち，工程の始点ですべて投入されている以上，完成品であっても月末仕

掛品であってもそれぞれ1単位に含まれている直接材料費の金額は変わりません。したがって，工程の始点で投入される直接材料費については，特に加工進捗度を考慮せずに完成品数量と月末仕掛品数量の割合で原価を配分します。加工費については，加工進捗度を常に考慮して完成品数量と月末仕掛品の完成品換算数量の割合で原価を配分します。

それでは，①の例を月末仕掛品があるケースに改めた例題10－1で説明しましょう。

例題10－1 次の資料から，月末仕掛品原価，完成品原価，完成品単位原価をそれぞれ計算しなさい。

資料1．生産データ　　　　　　　　資料2．原価データ（当月製造費用）
　　当月投入　100個　　　　　　　　直接材料費：¥105,000
　　月末仕掛品 10個（加工進捗度50％）　加　工　費：　 95,000
　　完成品　　 90個
　　※材料は工程の始点ですべて投入している。

解答・解説

(1) **直接材料費の配分**

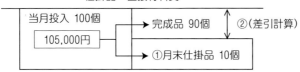

当月直接材料費を月末仕掛品10個と完成品90個の割合で配分します。
月末仕掛品分；¥105,000÷(90個＋10個)×10個＝¥10,500
完成品分；¥105,000－¥10,500＝¥94,500

(2) **加工費の配分**

当月加工費を月末仕掛品完成品換算数量5個(10個×50％)と完成品90個の割合で配分します。

月末仕掛品分；¥95,000÷(90個＋5個)×5個＝¥5,000
完成品分；¥95,000－¥5,000＝¥90,000

(3) 解答

月末仕掛品原価；¥10,500＋¥5,000＝¥15,500
完成品原価；¥94,500＋¥90,000＝¥184,500
完成品単位原価；¥184,500÷90個＝＠¥2,050

4　単純総合原価計算の計算原理(2)

(1) 月初仕掛品がある場合の計算原理

月末仕掛品は次月に繰越され，引き続き残りの加工が行われます。この場合，月末仕掛品原価は次月の月初仕掛品原価となるので，月初仕掛品原価は前月に発生した製造原価を意味します。

通常，月末仕掛品原価と完成品原価に配分するときには月末仕掛品原価が月初仕掛品原価部分から発生している可能性があるかを考慮する必要があります。この場合の月末仕掛品の評価方法として，平均法と先入先出法があります。

月初仕掛品がある場合の計算手続きを示すと，次のようになります。

① 当月製造費用を集計します。以下の計算手続きでは，直接材料費部分と加工費部分とに分けて計算します。
② 当月製造費用に月初仕掛品原価を加えて，当月総製造費用を求めます。
③ 平均法ないし先入先出法を用いて，月末仕掛品原価を計算します。
④ ②の当月総製造費用から③の月末仕掛品原価を差し引き，完成品原価を計算します。
⑤ 完成品原価を完成品数量で割り算し，完成品単位原価を計算します。

以上の計算手続きを仕掛品勘定を用いて表すと図表10－3のようになります。なお，実際の計算では原価計算表を用いて解くことが多いようです。

図表10－3　原価配分のイメージ（月初仕掛品がある場合）

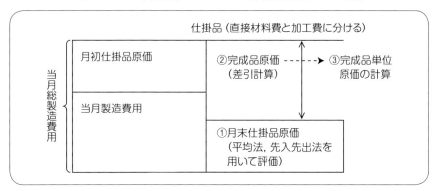

(2) 平均法による月末仕掛品原価の評価

　平均法とは，前月発生原価である月初仕掛品原価も当月に生じたと仮定し，月初仕掛品原価と当月製造費用の合計（当月総製造費用）から月末仕掛品を計算する評価方法です。イメージとしては，例えば，ワインや牛乳などの液体をタンクの中で製造する場合が考えられます。この製造方法では，月初仕掛品がタンク内に残っていてもそれに当月投入分が追加投入されると混ざってしまい，区別がつかなくなります。したがって，月末仕掛品は月初仕掛品と当月投入の全体から平均的に生じると考えられ，平均法の計算がマッチします。

図表10－4　平均法のイメージ

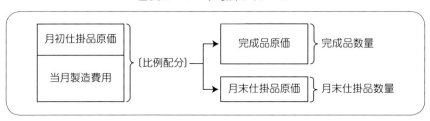

①　月末仕掛品直接材料費の計算

　直接材料費は工程の始点で全部投入されているため，月初仕掛品分と当月直接材料費の合計を完成品数量と月末仕掛品数量の割合で比例配分します。

$$月末仕掛品直接材料費 = \frac{月初仕掛品直接材料費 + 当月直接材料費}{完成品数量 + 月末仕掛品数量} \times 月末仕掛品数量$$

② 月末仕掛品加工費の計算

加工費は製造の進行に応じて徐々に増加するため,月初仕掛品分と当月加工費の合計を完成品数量と月末仕掛品完成品換算数量(月末仕掛品数量×加工進捗度)の割合で比例配分します。

$$月末仕掛品加工費 = \frac{月初仕掛品加工費 + 当月加工費}{完成品数量 + 月末仕掛品完成品換算数量} \times 月末仕掛品完成品換算数量$$

例題10-2 次の資料から総合原価計算表を完成しなさい。月末仕掛品の評価は平均法による。

〔資料〕

1. 当月の生産データ
    - 月初仕掛品　200kg (25%)
    - 当月投入　2,300
    - 合　計　　2,500kg
    - 月末仕掛品　300　(50%)
    - 完成品　　2,200kg

2. 当月の原価データ
    - 月初仕掛品原価
        - 原料費　¥31,200
        - 加工費　¥ 2,600
    - 当月製造費用
        - 原料費　¥373,800
        - 加工費　¥129,000

※　原料は工程の始点ですべて投入されている。
※　( )内は加工進捗度を示す。

解答・解説

総合原価計算表　　　　　　(単位:円)

	原料費	加工費	合計
月初仕掛品原価	31,200	2,600	33,800
当月製造費用	373,800	129,000	502,800
合　計	405,000	131,600	536,600

差引：月末仕掛品原価	48,600	8,400	57,000
完 成 品 総 合 原 価	356,400	123,200	479,600
完 成 品 単 位 原 価	@162	@56	@218

(1) **原料費（直接材料費）の配分**

次のように仕掛品勘定に必要なデータを記入して考えると計算のイメージがつきやすいでしょう。平均法では，月末仕掛品は月初仕掛品部分と当月投入部分を合わせた全体から生じると考えるので，全体の原料費を完成品量と月末仕掛品量の割合で比例配分すれば月末仕掛品原価を求めることができます。

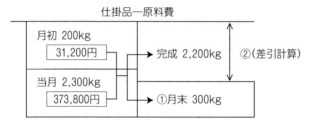

月末仕掛品原価；（¥31,200 ＋ ¥373,800）÷（2,200kg ＋300kg）×300kg
　　　　　　　＝ ¥48,600
完成品原価；（¥31,200 ＋ ¥373,800）－ ¥48,600 ＝ ¥356,400
完成品単位原価；¥356,400 ÷ 2,200kg ＝ @¥162

(2) **加工費の配分**

加工費の場合には，全体の加工費を完成品量と月末仕掛品の完成品換算量の割合で比例配分すれば月末仕掛品原価を求めることができます。

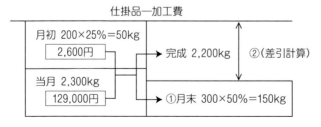

月末仕掛品原価；（¥2,600 ＋ ¥129,000）÷（2,200kg ＋150kg）×150kg
　　　　　　　＝ ¥8,400

完成品原価；(¥2,600＋¥129,000)－¥8,400＝¥123,200
完成品単位原価；¥123,200÷2,200kg ＝＠¥56

(3) 先入先出法による月末仕掛品原価の評価

　先入先出法とは，先に製造工程に投入された月初仕掛品をまず完成させ，その後は当月投入分の製造に着手すると仮定して月末仕掛品原価を計算する評価方法です。イメージとしては，例えば自動車やパソコン，液晶テレビなどベルトコンベアーに乗せて順番に製造する場合が考えられます。この製造方法では作り始めたものから順に完成するため，月初仕掛品が最初に完成します。したがって，前月発生原価である月初仕掛品部分は完成品原価を構成し，月末仕掛品は当月投入分からのみ生じることになります。すなわち，当月投入分は月初仕掛品の当月作業部分，当月作業開始・当月完成部分及び当月作業開始・当月未完成部分（月末仕掛品部分）の3つに分かれ，完成品原価は前月発生原価である月初仕掛品部分と月初仕掛品の当月作業部分および当月作業開始・当月完成部分の合計となります。

図表10－5　先入先出法のイメージ

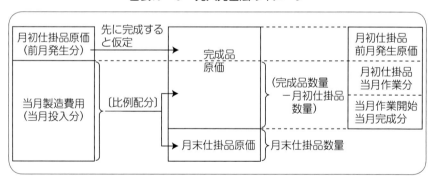

① 月末仕掛品直接材料費の計算

　直接材料費は工程の始点で全部投入されているので，当月製造費用を「完成品数量－月初仕掛品数量」と「月末仕掛品数量」の割合で比例配分します。

$$月末仕掛品直接材料費 = \frac{当月直接材料費}{(完成品数量 - 月初仕掛品数量) + 月末仕掛品数量} \times 月末仕掛品数量$$

② **月末仕掛品加工費の計算**

加工費は製造の進行に応じて徐々に増加するため，当月製造費用を「完成品数量 − 月初仕掛品完成品換算数量」と「月末仕掛品完成品換算数量」の割合で比例配分します。

$$月末仕掛品加工費 = \frac{当月加工費}{\left(完成品数量 - 月初仕掛品完成品換算数量\right) + 月末仕掛品完成品換算数量} \times 月末仕掛品完成品換算数量$$

例題10−3 次の資料から総合原価計算表を完成しなさい。月末仕掛品の評価は先入先出法による。

〔資料〕

1．当月の生産データ
- 月初仕掛品　2,000台（50%）
- 当月投入　10,500
- 合計　12,500台
- 月末仕掛品　2,500（80%）
- 完成品　10,000台

2．当月の原価データ
- 月初仕掛品原価
  - 素材費　¥ 672,000
  - 加工費　¥ 873,000
- 当月製造費用
  - 素材費　¥1,953,000
  - 加工費　¥2,233,000

※素材は工程の始点ですべて投入されている。
※（　）内は加工進捗度を示す。

解答・解説

総合原価計算表　　　　　　　（単位：円）

	素材費	加工費	合計
月初仕掛品原価	672,000	873,000	1,545,000
当月製造費用	1,953,000	2,233,000	4,186,000
合計	2,625,000	3,106,000	5,731,000
差引：月末仕掛品原価	465,000	406,000	871,000

| 完 成 品 総 合 原 価 | 2,160,000 | 2,700,000 | 4,860,000 |
| 完 成 品 単 位 原 価 | @216 | @270 | @486 |

(1) **素材費（直接材料費）の配分**

　先入先出法の場合，月末仕掛品は当月投入分からのみ生じると考えるので，当月製造費用を「完成品数量－月初仕掛品数量」と「月末仕掛品数量」の割合で比例配分すれば月末仕掛品原価を求めることができます。それ以外は平均法の場合と変わりません。

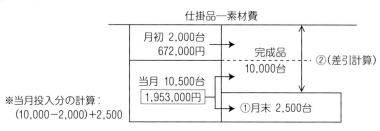

月末仕掛品原価；¥1,953,000÷｛(10,000台－2,000台)＋2,500台｝×2,500台
　　　　　　　＝¥465,000
完成品原価；(¥672,000＋¥1,953,000)－¥465,000＝¥2,160,000
完成品単位原価；¥2,160,000÷10,000台＝@¥216

(2) **加工費の配分**

　加工費の場合は仕掛品を完成品に換算するので，当月製造費用を「完成品数量－月初仕掛品完成品換算数量」と「月末仕掛品完成品換算数量」の割合で比例配分すれば月末仕掛品原価を求めることができます。それ以外は平均法の場合と変わりません。

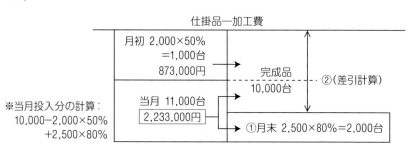

月末仕掛品原価；¥2,233,000÷{(10,000台－1,000台)＋2,000台)}×2,000台
　　　　　　　＝¥406,000
完成品原価；(¥873,000＋¥2,233,000)－¥406,000＝¥2,700,000
完成品単位原価；¥2,700,000÷10,000台＝＠¥270

(4) 始点投入以外の直接材料投入のケース

ここでは，直接材料について製造工程の始点ですべて投入される以外のケースについて説明します。

① 工程を通じて平均的に投入するケース

このケースでは，直接材料を加工の進行に応じて徐々に投入することになるので，直接材料費の計算は加工費の計算と全く同じ方法で行います。すなわち，完成品換算数量を用いて月末仕掛品原価と完成品原価に配分すればいいわけです。

② 工程の終点で追加投入するケース

このケースの典型例は，完成品を包装・梱包するための材料（食パンを包装するビニール袋やパソコンを梱包するダンボールなど）が考えられます。

このような材料の追加投入については，すべて完成品のみに消費されたと考えられるので，発生した直接材料費は全額を完成品原価とすればいいわけです。

5　総合原価計算における減損と仕損の処理

(1) 減損の処理
① 減損とは

これまでは投入された原材料はすべて完成品と月末仕掛品を構成するとみなしてきました。しかし実際には，加工の途中で原材料の一部が蒸発や粉散するなどして消失することや，製品にならない無価値な部分が生じることが当たり前です。このような現象を**減損**といい，それに要した原価部分を**減損費**といいます。

減損のうち，通常発生することが不可避であると認められる減損を**正常減損**といい，それに要した原価を正常減損費といいます。正常減損費は製造工程で

必然的に生じる原価と考えられるので，これを良品（完成品と月末仕掛品）に負担させる，すなわち良品の原価に加算する必要があります。

これに対して，災害や材料の不良などの理由で通常のレベルを超えて発生する減損を異常減損といい，それに要した原価を異常減損費といいます。異常減損費は正常な状態で生じたものではないので，**非原価項目**として処理します。

② 非度外視法と度外視法

正常減損費の処理の考え方には，正常減損非度外視法と正常減損度外視法があります。前者では減損費をきちんと計算した上で良品に負担させるため，その計算に手間がかかります。一方，後者では減損費を特別に計算することをせず（度外視する），自動的に良品に負担させるように計算するため，簡便的な計算ですみます。そのため，実務ではこの簡便さから正常減損度外視法を採用する場合が多いようです。以下では正常減損度外視法を前提に説明します。

③ **正常減損費の処理方法**

正常減損費を良品にどのように負担させるかについては，完成品原価のみに加算する「完成品のみ負担」と完成品原価と月末仕掛品原価の両方に加算する「両者負担」の2つの処理方法があります。どちらを採用するかについては，良品である完成品と月末仕掛品が正常減損発生点を通過したかどうかで判断します。

ⅰ）正常減損が月末仕掛品の加工進捗度よりも後の地点で発生した場合

この場合は，図表10－6にあるように，完成品は正常減損発生点を通過しているが，月末仕掛品は通過していないため，月末仕掛品はまだ減損発生の影響を受けていないと考えられます。したがって，正常減損費を月末仕掛品に負担させる理由がないため，正常減損費は完成品のみに負担させることになります。この他にも正常減損が工程の終点で発生する場合（加工進捗度は100％）も，同様の理由から完成品のみに負担させます。

図表10－6　完成品のみ負担のケース

```
始点      月末仕掛品              減損発生点        終点
         〔減損費を負担しない〕
 |────────────▶|─────────×─────────|
                                              完成品
                                           〔減損費を負担する〕
```

正常減損費を別途把握せずに，計算上月末仕掛品が正常減損費を負担しないようにするためには，わざと減損数量を完成品数量に含め，「完成品数量＋減損数量」と「月末仕掛品数量」の比で配分すればいいわけです（図表10－7参照）。したがって，月末仕掛品原価の計算式は次のようにまとめられます。

図表10－7　完成品のみ負担の原価配分イメージ（平均法）

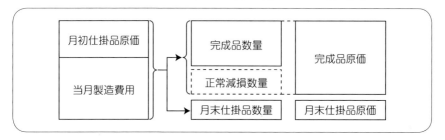

a）　正常減損・完成品のみ負担（平均法）

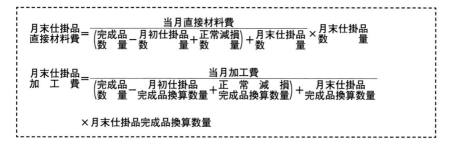

b）　正常減損・完成品のみ負担（先入先出法）

ⅱ）正常減損が月末仕掛品の加工進捗度よりも前の地点で発生した場合

この場合は，図表10－8にあるように，完成品も月末仕掛品も正常減損発生点を通過しているので，月末仕掛品は減損発生の影響を受けていると考えられ

ます。したがって，正常減損費は完成品と月末仕掛品の両者に負担させます。この他にも正常減損が工程の始点で発生する場合（加工進捗度は０％）も，同様の理由から完成品と月末仕掛品の両者に負担させます。

図表10－8　両者負担のケース

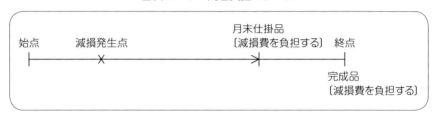

　正常減損費を別途把握せずに，計算上月末仕掛品も正常減損費を負担するようにするためには，減損数量が最初からなかったものと仮定すればいいわけです（図表10－9参照）。すなわち，完成品数量と月末仕掛品数量の比で配分すればいいのです。計算式の分母からわざと減損数量を除くことで，良品単位当たりの原価が上昇することになるからです。したがって，月末仕掛品原価の計算式は次のようにまとめられます。

図表10－9　両者負担の原価配分イメージ（平均法）

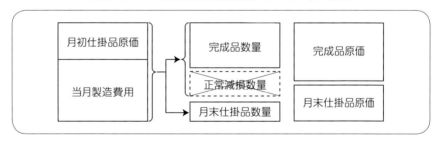

a）　正常減損・両者負担（平均法）

$$月末仕掛品直接材料費 = \frac{月初仕掛品直接材料費 + 当月直接材料費}{完成品数量 + 月末仕掛品数量} \times 月末仕掛品数量$$

$$月末仕掛品加工費 = \frac{月末仕掛品加工費 + 当月加工費}{完成品数量 + 月末仕掛品完成品換算数量} \times 月末仕掛品完成品換算数量$$

b） 正常減損・両者負担（先入先出法）

$$月末仕掛品 \atop 直接材料費 = \frac{当月直接材料費}{(完成品数量 - 月初仕掛品数量) + 月末仕掛品数量} \times 月末仕掛品数量$$

$$月末仕掛品 \atop 加工費 = \frac{当月加工費}{\left(\begin{smallmatrix}完成品\\数量\end{smallmatrix} - \begin{smallmatrix}月初仕掛品\\完成品換算数量\end{smallmatrix}\right) + \begin{smallmatrix}月末仕掛品\\完成品換算数量\end{smallmatrix}} \times \begin{smallmatrix}月末仕掛品\\完成品換算数量\end{smallmatrix}$$

ⅲ）正常減損が工程の途中で発生した場合

この場合は，減損発生地点が明確になっていませんが，月末仕掛品の加工進捗度までに正常減損は発生していると見なして処理するのが合理的です。したがって，ⅱ）と同じように正常減損費は完成品と月末仕掛品の両者に負担させます。

例題10－4 次の資料を前提に，(1)減損の発生点が50％の場合と(2)減損の発生点が20％の場合のそれぞれについて，月末仕掛品原価，完成品原価および完成品単位原価を計算しなさい。

〔資料〕

1．当月の生産データ
 月初仕掛品 1,200kg（30％）
 当月投入 4,800
  合 計 6,000kg
 正常減損 400
 月末仕掛品 1,600 （25％）
 完 成 品 4,000kg
 ※ 材料は工程の始点ですべて投入される。
 ※ （ ）内は加工進捗度を示す。
 ※ 月末仕掛品の評価方法は平均法による。

2．当月の原価データ
 月初仕掛品原価
  直接材料費 ¥ 336,000
  加 工 費 ¥ 145,600
 当月製造費用
  直接材料費 ¥1,344,000
  加 工 費 ¥ 866,400

解答・解説

(1) 減損の発生点が50％の場合

このケースでは，減損発生点（50％）≧月末仕掛品進捗度（25％）なので，月末仕掛品はまだ減損発生点を通過していません。したがって，月末仕掛品は減損費を負担する必要はないので，減損費は完成品のみが負担します。月末仕掛品原価の計算では，わざと減損数量を完成品数量に含め，「完成品数量＋減損数量」と「月末仕掛品数量」の比で配分します。

① 直接材料費の配分計算

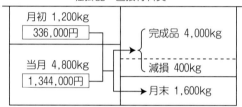

月末仕掛品原価；（¥336,000＋¥1,344,000）÷{（4,000kg＋400kg）＋1,600kg}
　　　　　　　×1,600kg＝¥448,000
完成品原価；（¥336,000＋¥1,344,000）－¥448,000＝¥1,232,000

② 加工費の配分計算

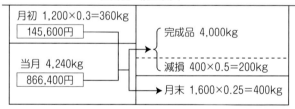

月末仕掛品原価；（¥145,600＋¥866,400）÷{（4,000kg＋200kg）＋400kg}
　　　　　　　×400kg＝¥88,000
完成品原価；（¥145,600＋¥866,400）－¥88,000＝¥924,000

③ 解答
月末仕掛品原価；¥448,000＋¥88,000＝¥536,000
完成品原価；¥1,232,000＋¥924,000＝¥2,156,000
完成品単位原価；¥2,156,000÷4,000kg＝＠¥539

(2) 減損の発生点が20％の場合

このケースでは，減損発生点（20％）≦月末仕掛品進捗度（25％）なので，月末

仕掛品は減損発生点を通過しています。したがって，月末仕掛品は完成品と同様に減損費を負担します（両者負担）。月末仕掛品原価の計算では，減損数量が最初からなかったものと考え，完成品数量と月末仕掛品数量の比で配分します。

① 直接材料費の配分計算

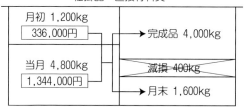

月末仕掛品原価；（¥336,000 + ¥1,344,000）÷（4,000kg + 1,600kg）
　　　　　　×1,600kg = ¥480,000
完成品原価；（¥336,000 + ¥1,344,000）− ¥480,000 = ¥1,200,000

(1)のケースに比べて，月末仕掛品は¥480,000 − ¥448,000 = ¥32,000だけ減損費を負担していることになります。

② 加工費の配分計算

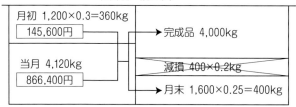

月末仕掛品原価；（¥145,600 + ¥866,400）÷（4,000kg + 400kg）×400kg
　　　　　　 = ¥92,000
完成品原価；（¥145,600 + ¥866,400）− ¥92,000 = ¥920,000

(1)のケースに比べて，月末仕掛品は¥92,000 − ¥88,000 = ¥4,000だけ減損費を負担していることになります。

③ 解答

月末仕掛品原価；¥480,000 + ¥92,000 = ¥572,000
完成品原価；¥1,200,000 + ¥920,000 = ¥2,120,000
完成品単位原価；¥2,120,000 ÷ 4,000kg = @¥530

(1)のケースに比べて，月末仕掛品が減損費を負担した分（¥32,000 + ¥4,000 = ¥36,000）だけ完成品原価が少なくなっていることが分かります。単位原価では@¥539 − @¥530 = @¥9だけ安くなっています。

(2) 仕損の処理
① 仕損とは
　仕損とは製品の加工に失敗し，一定の品質や規格に達しない不合格品が生じることです。これを特に**仕損品**といい，これに要した原価を**仕損費**といいます。減損は形が残らない状態であるのに対し，仕損品は不合格品とはいえきちんと目に見える形で存在するため，別の方法で売却できる可能性があります。また，大量生産ではたとえ仕損品が発生しても，個別原価計算の場合のようにそれを補修して完成品にするということは通常しません。

② **正常仕損費の処理方法**
　仕損のうち，通常発生することが不可避であると認められる部分を**正常仕損**といい，それに要した原価を**正常仕損費**といいます。正常仕損費は製造工程で必然的に生じる原価と考えられるので，これを良品（完成品と月末仕掛品）に負担させます。

　これに対して，通常のレベルを超えて発生する仕損を異常仕損といい，それに要した原価を異常仕損費といいます。異常仕損費は正常な状態で生じたものではないので，非原価項目として処理します。

　正常仕損の場合，仕損品そのものがいくらかの金額で売却できる可能性があります。この売却価額のことを**仕損品評価額**といい，その分だけ正常仕損費を減らす効果があります。

　ⅰ) 正常仕損が月末仕掛品の加工進捗度よりも後の地点で発生した場合
　この場合は，正常減損の場合と同様に正常仕損費は完成品のみが負担します。したがって，月末仕掛品原価をまず計算し，その後で完成品原価から仕損品評価額を控除します。

　ⅱ) 正常仕損が月末仕掛品の加工進捗度よりも前の地点で発生した場合
　この場合は，正常減損の場合と同様に正常仕損費は完成品と月末仕掛品の両者が負担します。したがって，最初に仕損品評価額を控除してから月末仕掛品原価と完成品原価を計算します。なお，仕損品評価額は直接材料費から控除する場合が多いです。

総合原価計算（その2）
―組別総合原価計算と等級別総合原価計算―

1　組別総合原価計算

(1)　組別総合原価計算の特質

　組別総合原価計算とは，同一工場内で種類の異なる複数の製品（異種製品）を組別に反復・連続的に大量生産する生産形態に適用される原価計算であり，自動車製造業，化学工業，食品製造業などで用いられます。ここでは製品の種類のことを「組」といい，A組製品，B組製品などと表現します。

　組別総合原価計算では，異種製品を扱っていることから個別原価計算の特質を持っています。その一方で，反復・連続して大量生産する場合に適用されるので総合原価計算の特質も持っています。

(2)　組別総合原価計算の計算手続

　組別総合原価計算では，製品の種類ごとに組を設定し，その組ごとに製造原価を集計します（個別原価計算の特質）。その一方で，継続的に大量生産を行っている以上，原価計算期間ごとに製造費用を集計し，製品単位原価を計算します（総合原価計算の特質）。

　さらに原価の分類にも特徴があります。総合原価計算である以上，直接材料費と加工費という分類はしますが，組製品ごとに製造原価を集計するため，組製品に対して直接集計可能な製造原価（**組直接費**）とそうでない製造原価（**組間接費**）に分けて集計する必要が生じます。直接材料費や加工費の一部である直接労務費・直接経費は，各組製品の製造のために直接消費しているので組直接費です。一方，共通的に消費される組間接費は，各組製品ごとに直接集計ができないため，組製品に対して配賦計算を行う必要があります。

以上をまとめると次のような計算手続になります。これらの計算は組別総合原価計算表を作成して行われます。

① 当月発生した製造費用である材料費，労務費，経費を組直接費と組間接費に分類します。
② 組直接費は各組製品に賦課します。組間接費は適切な配賦基準に従って各組製品に配賦します。この手続により当月製造費用は完全に組製品ごとに集計されます。なお，月初仕掛品原価は既に前月の段階で組別に集計されています。
③ 各組製品ごとに単純総合原価計算と同じ計算方法を適用し，月末仕掛品原価と完成品原価とに配分します。
④ 各組製品ごとに完成品単位原価を計算します。

例題11－1 次の資料から，組別総合原価計算表を作成しなさい。

〔資料〕
1. 生産データ

	A 組 製 品	B 組 製 品
月初仕掛品数量	50個（80％）	20個（75％）
当月投入数量	350	120
合　　計	400個	140個
月末仕掛品数量	100　（40％）	40　（50％）
完成品数量	300個	100個
機械運転時間	1,200時間	300時間

2. 直接材料は工程の始点ですべて投入され，上記（　）内の数値は加工進捗度を示す。

3. 原価データ

	A 組 製 品	B 組 製 品
月初仕掛品原価		
直接材料費	¥ 32,000	¥ 4,200
加 工 費	¥ 40,260	¥ 7,600
当月製造費用		
直接材料費	¥140,000	¥28,000
加 工 費	¥ 37,200	¥35,000
組間接費	?	?

4．組間接費￥75,000の配賦は，機械運転時間を基準に行う。
5．月末仕掛品の評価は，A組製品は先入先出法，B組製品は平均法により計算する。

（解答・解説）

組別総合原価計算表　　　　　（単位：円）

	A組製品	B組製品	合計
組直接費：直接材料費	140,000	28,000	168,000
加　工　費	37,200	35,000	72,200
組　間　接　費	60,000	15,000	75,000
当　月　製　造　費　用	237,200	78,000	315,200
月初仕掛品：直接材料費	32,000	4,200	36,200
加　工　費	40,260	7,600	47,860
合　　　　計	309,460	89,800	399,260
月末仕掛品：直接材料費	40,000	9,200	49,200
加　工　費	12,960	9,600	22,560
完　成　品　総　合　原　価	256,500	71,000	327,500
完　成　品　単　位　原　価	@855	@710	

① 組間接費の各組製品への配賦

　A組製品への配賦額；￥75,000÷(1,200時間+300時間)×1,200時間
　　　　　　　　　　＝￥60,000
　B組製品への配賦額；￥75,000÷(1,200時間+300時間)×300時間＝￥15,000

② A組製品の月末仕掛品原価と完成品原価の計算（先入先出法）

月末仕掛品直接材料費；¥140,000÷｛(300個−50個)＋100個｝×100個
　　　　　　　　＝¥40,000
月末仕掛品加工費；(¥37,200＋¥60,000)÷｛(300個−40個)＋40個｝×40個
　　　　　　　　＝¥12,960
完成品原価；¥309,460−(¥40,000＋¥12,960)＝¥256,500
完成品単位原価；¥256,500÷300個＝@¥855

③　B組製品の月末仕掛品原価と完成品原価の計算（平均法）

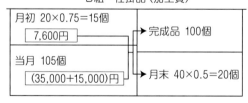

月末仕掛品直接材料費；(¥4,200＋¥28,000)÷(100個＋40個)×40個＝¥9,200
月末仕掛品加工費；(¥7,600＋¥35,000＋¥15,000)÷(100個＋20個)×20個
　　　　　　　　＝¥9,600
完成品原価；¥89,800−(¥9,200＋¥9,600)＝¥71,000
完成品単位原価；¥71,000÷100個＝@¥710

2 等級別総合原価計算

(1) 等級別総合原価計算の特質

　等級別総合原価計算とは，同一工程において同じ種類の製品（同種製品）であるものの，大きさ・重さ・厚さなどの品質が異なる製品（**等級製品**）を反復・連続して大量生産する生産形態に適用される原価計算であり，衣料品製造業，製粉業，醸造業などで用いられます。

　種類が同じでも品質が異なれば，当然その中に含まれる製造原価も異なります。したがって各等級製品を組製品ととらえれば，組別総合原価計算と同様の原価計算を行えばいいわけです。しかし，各等級製品の相違は大きさ等の品質だけなので，各等級製品の間に一定の関係が見出せれば，それを利用したもっと簡便な原価計算を行うことができます。

(2) 等価係数の決定

　例えばTシャツの製造では，Sサイズ，Mサイズ，Lサイズが等級製品となり，それらの間には大きさの相違による一定の関係が認められ，Sサイズの原価を1とすると，Mサイズの原価は1.4，Lサイズの原価は1.8というような関係性を見出せます。

　このように，等級製品のどれか一つを基準製品に定め，基準製品の原価を1とした場合の各等級製品の原価負担割合を**等価係数**といいます。等価係数は，製品の大きさ・重さ・厚さなど原価の発生と関係のある性質にもとづいて決定されます。この等価係数に生産量を掛けた**積数**を計算すれば各等級製品を基準製品に換算することが可能となり，組別総合原価計算を用いなくても原価計算をより簡単に行うことができます。

(3) 等級別総合原価計算の計算手続

　等級別総合原価計算の基本は，積数の比を用いた原価の按分にあるわけですが，積数すなわち等価係数をどのタイミングで，製造原価のどの部分に適用するかで3つの計算方法があります。

a 全体の完成品原価を各等級製品の完成品へ按分する方法（産出時点で積数を用いる）
b 全体の当月製造費用を各等級製品の当月製造費用へ按分する方法（投入時点で積数を用いる）
c 全体の当月製造費用を各等級製品の完成品と月末仕掛品へ按分する方法（製造途中で積数を用いる）

このうち，最も基本的計算方法であるａのみを紹介します。この方法の特徴は積数すなわち等価係数を完成品のみに適用することです。計算手続きは次のようにまとめられます。

① 当月総製造費用（月初仕掛品原価＋当月製造費用）を通常の単純総合原価計算を用いて，完成品原価と月末仕掛品原価に配分します（この時点では等級別に把握しません）。
② 各等級製品の完成品数量に等価係数を掛けた積数を求めます。
③ ①で求めた全体の完成品原価を積数の割合で各等級製品に按分します（ここで等級別総合原価計算表を用います）。
④ 各等級製品の完成品原価をその等級製品の完成品数量で割って，完成品単位原価を求めます（決して積数で割らないこと）。

例題11－2 当工場では等級製品（１級品と２級品）を連続生産している。次の資料にもとづき，等級別総合原価計算表を作成しなさい。

〔資料〕
1．生産データ
　月初仕掛品　　800個（25%）
　当月投入　　5,200
　合　　計　　6,000個
　月末仕掛品　1,000個（50%）
　完　成　品　5,000個

2．原価データ
　月初仕掛品原価
　　素材費　￥　400,000
　　加工費　￥　120,000
　当月製造費用
　　素材費　￥2,780,000
　　加工費　￥1,585,000

3．その他のデータ
　① 素材は工程の始点ですべて投入される。生産データの（　）内の数値は加

工進捗度である。
② 月末仕掛品の評価方法は平均法による。
③ 完成品5,000個は，1級品2,000個と2級品3,000個に区別される。等価係数については，1級品：2級品＝1：0.5とし，全体の完成品総合原価を求めたあと，積数の比で各等級製品に按分する。

解答・解説

等級別総合原価計算表

等級製品	等価係数	完成品数量	積数	等級別製品原価	製品単価
1級品	1	2,000	2,000	¥2,400,000	@¥1,200
2級品	0.5	3,000	1,500	¥1,800,000	@¥ 600
			3,500	¥4,200,000	

1．完成品総合原価の計算

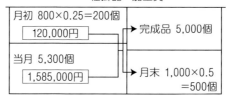

① 素材費（直接材料費）の配分
　月末仕掛品原価；(¥400,000＋¥2,780,000)÷(5,000個＋1,000個)×1,000個
　　　　　　　　＝¥530,000
② 加工費の配分
　月末仕掛品原価；(¥120,000＋¥1,585,000)÷(5,000個＋1,000×50％個)×500個

$=¥155,000$

③　完成品総合原価の計算

（¥400,000＋¥2,780,000）＋（¥120,000＋¥1,585,000）－月末仕掛品原価

（¥530,000＋¥155,000）＝¥4,200,000

2．等級別総合原価計算表の作成

① 積数の計算

　1級品；2,000×1＝2,000,　2級品；3,000×0.5＝1,500

② 完成品原価の等級製品への按分計算

　最初に等級別製品原価の合計欄に完成品総合原価である¥4,200,000を記入します。次に積数を用いて等級製品に按分します。

　1級品総合原価；¥4,200,000÷（2,000個＋1,500個）×2,000個＝¥2,400,000

　2級品総合原価；¥4,200,000÷（2,000個＋1,500個）×1,500個＝¥1,800,000

③ 等級製品の単位原価の計算

　積数で割るのではなく，完成品数量で割ることに注意しましょう。

　1級品の単位原価；¥2,400,000÷2,000個＝＠¥1,200

　2級品の単位原価；¥1,800,000÷3,000個＝＠¥600

総合原価計算（その3）
—工程別総合原価計算—

1　工程別総合原価計算の目的

　工程別総合原価計算は，大量生産する経営に適用される総合原価計算のうち，製造工程が2以上の連続する複数工程で製造される場合に，工程ごとにその各工程製品を分別把握して原価を計算する総合原価計算の方法をいいます。これは，一原価計算ごとの生産量とその製品原価を工程ごとに把握集計するところに特徴があります。

　工程とは，部門別計算における製造部門とほぼ同じ意味合いですが，部門別計算が製造間接費のみを部門に集計するのに対し，工程別総合原価計算では，全原価要素あるいは加工費を工程に集計することになります。

　工程別総合計算の目的は，①製品原価を正確に計算すること，②経営管理者に対して，原価管理に有効な資料を提供することです。さらに，種々の経営計画および意思決定に必要な資料が得られるなどの利点があります。工程別総合原価計算は，紡績業，セメント業，医薬品業，化学工業などに適用されています。

2　工程別総合原価計算の手続

　以下では，工程別総合計算の手続について説明します。工程別総合原価計算は，製造工程を複数の連続する工程に区分し，給付はそれらの工程を順次，第1工程，第2工程さらには第3工程へと次々に加工され，最終工程を経て完成品となります。原価計算の方法も，この作業の流れに即応して行い，その計算対象である原価要素を各工程と補助部門に集計し，その補助部門費は各工程へ

図表12−1　工程別総合原価計算（累加法）における計算の流れ

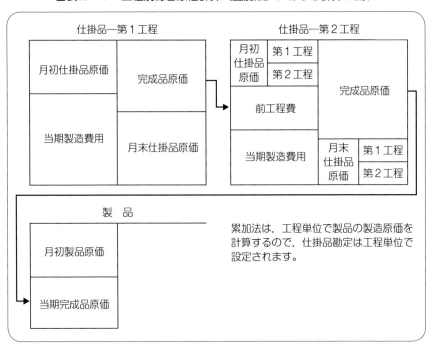

と配賦されます。次に，各工程費と期首仕掛品原価との合計額を完成品と期末仕掛品とに配分します。

　工程別総合原価計算は，製品原価の計算をどのように行うのかによって，**累加法**と**非累加法**とに区分できます。ここでは，累加法について説明します。累加法は，『原価計算基準』25で工程別総合原価計算の計算方法として規定されています。累加法とは，各工程の完成品の製造原価を次工程に振り替え，これを前工程費として自工程費に加えて順次計算する方法です。前工程費とは，前工程から振り替えられた原価のことをいい，工程の始点で投入される材料費と同じ性質であるため，期末仕掛品の評価をするにあたっては，進捗度100％で計算されます。累加法は，計算の手間がかからないなどの長所がありますが，各工程の完成品原価は，前工程から振り替えられた原価の影響を受けるため，前工程の原価能率が自工程の原価に混入し，原価管理には不適切であるという短所があります。以下では工程別総合原価計算の計算手法である累加法と非累

加法の長所・短所を示します。

図表12－2　累加法と非累加法の長所・短所

	累加法	非累加法
長所	製品の加工の流れに沿って原価を把握するので，計算が分かりやすい	各工程費を独立して完成品単位原価の計算を行うので，各工程の純粋な作業能率を反映した完成品単位原価が把握できるので，原価管理に向いている
短所	完成品単位原価が前工程費の影響を受けるため，各工程の純粋な作業能率の良否が示されず，原価管理には向いていない	製品の加工の流れに沿って原価を把握しないので，計算が複雑で分かりにくく，実務ではあまり利用されない

例題12－1　当工場では，連続する2つの工程を経て製品Bを量産しており，累加法による工程別総合原価計算を実施している。以下の資料により，第1工程仕掛品勘定および第2工程仕掛品勘定の記入を完成させなさい。

　材料はすべて第1工程の始点で投入される。また，（　）内の数値は加工進捗度を示す。月末仕掛品の評価については，第1工程は先入先出法，第2工程は平均法による。なお，第2工程の始点で仕損が発生している。

〔資料〕
1．当月の生産データ

	第1工程	第2工程
月初仕掛品	150個（1/2）	300個（1/3）
当月投入	1,350個	1,200個
合　計	1,500個	1,500個
完成品	1,200個	900個
月末仕掛品	300個（1/2）	200個（1/2）
正常仕損	－	400個
合　計	1,500個	1,500個

2．原価データ

	第1工程	第2工程
月初仕掛品原価		
直接材料費	30,000円	一円
加工費	18,000円	64,500円
前工程費	一円	170,000円
当月製造費用		
直接材料費	297,000円	一円
加工費	382,500円	450,000円
前工程費	一円	？円

[解答欄]

第1工程仕掛品

前　月　繰　越	（　　　）	（　　　　　）	（　　　）
材　　　　　料	（　　　）	次　月　繰　越	（　　　）
加　工　費	（　　　）		
	（　　　）		（　　　）

第2工程仕掛品

前　月　繰　越	（　　　）	（　　　　　）	（　　　）
（　　　　　）	（　　　）	次　月　繰　越	（　　　）
加　工　費	（　　　）		
	（　　　）		（　　　）

解 答

第1工程仕掛品

前 月 繰 越	(48,000)	(第2工程仕掛品)	(616,500)
材 料	(297,000)	次 月 繰 越	(111,000)
加 工 費	(382,500)		
	(727,500)		(727,500)

第2工程仕掛品

前 月 繰 越	(234,500)	(製 品)	(1,106,550)
(第1工程仕掛品)	(616,500)	次 月 繰 越	(194,450)
加 工 費	(450,000)		
	(1,301,000)		(1,301,000)

解 説

1．確認事項

〈月末仕掛品の評価〉第1工程：先入先出法，第2工程：平均法
第2工程における仕損の発生時期：始点発生

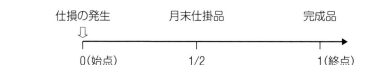

∴仕損は始点で発生しているので，仕損品は**月末仕掛品と完成品の両者が負担し**ます。

2．ボックス図の作成

〔資料〕1．の当月の生産データより第1工程の直接材料費と加工費の数量を記入します。完成品原価の数量は直接材料費と加工費は同じ数量となることに気をつけましょう。

〔第1工程〕……先入先出法

※1,200個+150個−75個

（材料費）

$$月末仕掛品原価 = \frac{当月製造費用}{当月着手量} \times 月末仕掛品数量$$

$$= \frac{297,000円}{1,350個} \times 300個 = 66,000円$$

完成品原価 = 月初仕掛品原価 + 当月製造費用 − 月末仕掛品原価
　　　　　= 30,000円 + 297,000円 − 66,000円 = 261,000円

（加工費）

$$月末仕掛品原価 = \frac{当月製造費用}{当月着手の完成品換算量} \times 月末仕掛品の完成品換算量$$

$$= \frac{382,500円}{1,275個} \times 150個 = 45,000円$$

完成品原価 = 月初仕掛品原価 + 当月製造費用 − 月末仕掛品原価
　　　　　= 18,000円 + 382,500円 − 45,000円 = 355,500円

XII 総合原価計算(その3)—工程別総合原価計算—

〔第2工程〕……**平均法**

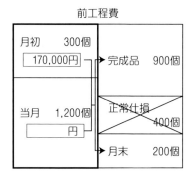

※900個+100個−100個

(前工程費)

当月製造費用

＝261,000円(直接材料費—第1工程の完成品原価)＋355,500円(加工費—第1工程の完成品原価)＝616,500円

＊仕損品が**月末仕掛品と完成品の両者が負担**する場合には，仕損品の個数を控除した個数で除して，月末仕掛品原価を計算します。

$$月末仕掛品原価 = \frac{(月初仕掛品原価＋当月製造費用)}{月初仕掛品数量＋当月着手量} \times 月末仕掛品数量$$

$$= \frac{170,000円＋616,500円}{300個＋1,200個−400個} \times 200個 = 143,000円$$

完成品原価＝月初仕掛品原価＋当月製造費用−月末仕掛品原価
　　　　　＝170,000円＋616,500円−143,000円＝643,500円

(加工費)

$$月末仕掛品原価 = \frac{(月初仕掛品原価＋当月製造費用)}{月初仕掛品完成品換算量＋当月着手の完成品換算量} \times 月末仕掛品完成品換算量$$

$$= \frac{64,500円＋450,000円}{100個＋900個} \times 100個 = 51,450円$$

完成品原価＝月初仕掛品原価＋当月製造費用−月末仕掛品原価
　　　　　＝64,500円＋450,000円−51,450円＝463,050円

● 解答欄の書き方

〔第 1 工程仕掛品勘定〕

借方：

前月繰越＝直接材料費の月初仕掛品原価＋加工費の月初仕掛品原価
　　　　＝30,000円＋18,000円＝48,000円

貸方：

第 2 工程仕掛品＝261,000円＋355,500円＝616,500円

次月繰越＝直接材料費の月末仕掛品原価＋加工費の月末仕掛品原価
　　　　＝66,000円＋45,000円＝111,000円

〔第 2 工程仕掛品勘定〕

借方：

前月繰越＝前工程費の月初仕掛品原価＋加工費の月初仕掛品原価
　　　　＝170,000円＋64,500円＝234,500円

第 1 工程仕掛品＝上記の貸方における第 2 工程仕掛品と同じ　616,500円

貸方：

製品＝前工程費の完成品原価＋加工費の完成品原価＝643,500円＋463,050円
　　＝1,106,550円

次月繰越＝前工程費の月末仕掛品原価＋加工費の月末仕掛品原価
　　　　＝143,000円＋51,450円＝194,450円

練習問題12－1　　石川工業株式会社では，2 つの工程を経てW製品を連続生産しており，累加法による工程別総合原価計算を実施している。以下の資料と解答欄の原価計算表に記入された金額にもとづいて，原価計算表を完成しなさい。原価投入額合計を完成品総合原価と月末仕掛品原価に配分する方法として，第 1 工程は先入先出法，第 2 工程は平均法を用いている。材料はすべて第 1 工程の始点で投入され，第 2 工程の終点において仕損が発生している。また，（　　）内の数値は加工進捗度を示している。

XII 総合原価計算（その3）―工程別総合原価計算―

[資料]
当月の生産データ

	第1工程	第2工程
月初仕掛品	420個（0.6）	500個（0.5）
当月投入	7,980個	8,000個
合　　計	8,400個	8,500個
完　成　品	8,000個	8,100個
月末仕掛品	400個（0.5）	370個（0.4）
正常仕損	－	30個（1）
合　　計	8,400個	8,500個

[解答欄]

第1工程仕掛品

月初仕掛品		工程完了品	
直接材料費	151,200	直接材料費	
加　工　費	48,000	加　工　費	
当月投入		月末仕掛品	
直接材料費	3,040,380	直接材料費	
加　工　費	1,748,560	加　工　費	
合　　　計		合　　　計	

第2工程仕掛品

月初仕掛品		完　成　品	
前　工　程　費	308,260	前　工　程　費	
加　工　費	80,000	加　工　費	
当月投入		月末仕掛品	
前　工　程　費		前　工　程　費	
加　工　費	2,403,400	加　工　費	
合　　　計		合　　　計	

解　答

第１工程仕掛品

月初仕掛品		工程完了品	
直接材料費	151,200	直接材料費	3,039,180
加　工　費	48,000	加　工　費	1,752,560
当月投入		月末仕掛品	
直接材料費	3,040,380	直接材料費	152,400
加　工　費	1,748,560	加　工　費	44,000
合　　計	4,988,140	合　　計	4,988,140

第２工程仕掛品

月初仕掛品		完　成　品	
前工程費	308,260	前工程費	4,878,000
加　工　費	80,000	加　工　費	2,439,000
当月投入		月末仕掛品	
前工程費	4,791,740	前工程費	222,000
加　工　費	2,403,400	加　工　費	44,400
合　　計	7,583,400	合　　計	7,583,400

解　説

1．確認事項

〈月末仕掛品の評価〉第１工程：先入先出法，第２工程：平均法

第２工程における仕損の発生時期：終点発生

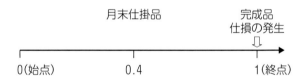

∴仕損は終点で発生しているので，仕損品は**完成品のみ**が**負担**します。

2．ボックス図の作成
〔第1工程〕……**先入先出法**

※8,000個＋200個－252個

（材料費）

$$\boxed{月末仕掛品原価＝\frac{当月製造費用}{当月着手量}×月末仕掛品数量}$$

$$＝\frac{3,040,380円}{7,980個}×400個＝152,400円$$

完成品原価＝月初仕掛品原価＋当月製造費用－月末仕掛品原価
　　　　　＝151,200円＋3,040,380円－152,400円＝3,039,180円

（加工費）

$$\boxed{月末仕掛品原価＝\frac{当月製造費用}{当月着手の完成品換算量}×月末仕掛品の完成品換算量}$$

$$＝\frac{1,748,560円}{7,948個}×200個＝44,000円$$

完成品原価＝月初仕掛品原価＋当月製造費用－月末仕掛品原価
　　　　　＝48,000円＋1,748,560円－44,000円＝1,752,560円

〔第2工程〕……平均法

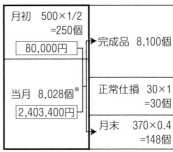

前工程費

月初 500個 308,260円	完成品 8,100個
当月 8,000個	正常仕損 30個
	月末 370個

加工費―第2工程

月初 500×1/2 =250個 80,000円	完成品 8,100個
当月 8,028個※ 2,403,400円	正常仕損 30×1 =30個
	月末 370×0.4 =148個

※8,100個＋30個＋148個－250個

（前工程費）

当月製造費用

＝3,039,180円（直接材料費―第1工程の完成品原価）＋1,752,560円（加工費―第1工程の完成品原価）＝4,791,740円

＊仕損品が**完成品のみで負担**する場合には，先に月末仕掛品原価を計算し，完成品原価は差額で求めます。

$$月末仕掛品原価 = \frac{(月初仕掛品原価＋当月製造費用)}{月初仕掛品数量＋当月着手量} \times 月末仕掛品数量$$

$$= \frac{308,260円＋4,791,740円}{500個＋8,000個} \times 370個 = 222,000円$$

完成品原価＝月初仕掛品原価＋当月製造費用－月末仕掛品原価
　　　　　＝308,260円＋4,791,740円－222,000円＝4,878,000円

（加工費）

$$月末仕掛品原価 = \frac{(月初仕掛品原価＋当月製造費用)}{月初仕掛品完成品換算量＋当月着手の完成品換算量} \times 月末仕掛品の完成品換算量$$

$$= \frac{80,000円＋2,403,400円}{250個＋8,028個} \times 148個 = 44,400円$$

完成品原価＝月初仕掛品原価＋当月製造費用－月末仕掛品原価
　　　　　＝80,000円＋2,403,400円－44,400円＝2,439,000円

● 解答欄の書き方

　第2工程仕掛品勘定の前工程費は，第1工程仕掛品勘定にある直接材料費と加工費の完成品原価を加算したものです。

個別原価計算

1 個別原価計算の特徴

(1) 受注生産と特定製造指図書

　製造業における製品の生産形態は，大きく見込生産と受注生産に分けられます。原価計算もまた，生産形態の違いに応じて総合原価計算と個別原価計算に分けられます。製品を反復連続的に生産する見込生産では，一定期間（1カ月）に区切って製造原価を計算する総合原価計算が採用されます。一方，顧客から注文を受けて製造を開始する受注生産では，製品の完成時に製造原価を算定します。このときに採用される原価計算が個別原価計算です。個別原価計算を採用する業種は，造船業や注文住宅建築業，工作機械製造業，あるいは出版業や映画制作業など，製品の完成までに比較的長期間を要する業種であるという共通点があります。

　船や住宅は一艘や一棟という単位で受注します。また雑誌や本は1万部というような一定の印刷数量（このときの単位をロットやバッチといいます）で受注します。船も住宅も本も完成までに長期間を要するのみならず，顧客の注文に合わせて生産するため他に同じ製品はないということも共通の特徴です。ちなみに出版業の場合，本を1万部印刷しても，それは完成品のコピーであり，本の内容それ自体はオリジナルであり他にまったく同じ内容の本はありませんので個別原価計算の対象になります。

　さて，受注生産を行う製造業では顧客の注文を形にするための仕様書を発行します。これを特定製造指図書といいます。特定製造指図書は受注生産によって個別的に，つまりその製品に特定して発行した指図書という意味です。見込生産のための仕様書である継続製造指図書とは性質を異にします。

したがって受注生産では，顧客からの注文を受けて特定製造指図書を発行し，それにもとづいて製品を製造し，製品が完成したときに製造原価を計算するとともに製品を顧客に引き渡すというプロセスになります。

(2) 単純個別原価計算と部門別個別原価計算

ところで，個別原価計算では企業の規模に応じて原価計算の方法が異なります。とくに製造間接費の配賦に違いがあります。工場の規模が比較的小さい場合，部門別計算を省略して工場全体を対象にして原価計算を行います。これを単純個別原価計算といいます。一方，工場の規模が大きくなると，製造活動が複雑化し工場全体を対象にした原価計算では適正な製品原価を集計できない可能性があります。そのため，あらかじめ原価部門を設定し，まずその原価部門で原価を集計し，その後，受注した製品の原価を集計します。前者は工場全体を対象にしますので，製造間接費の配賦も工場一括で行います。これに対して後者は，製造間接費を原価部門ごとに配賦計算します。部門ごとの配賦計算では部門の特性に応じた配賦基準を用いることになります。こうすることによって，より精緻な原価計算が可能になります。

2　個別原価計算の計算手続

(1) 個別原価計算表

個別原価計算では，その製品の直接材料費，直接労務費，直接経費，製造間接費を一覧表示した原価計算表を作成します。

受注生産においては特定製造指図書を発行して製品の生産を行いますが，この特定製造指図書に記載される指図書番号は製品1単位あるいは1ロットごとに付けられます。原価は特定製造指図書に記載された番号ごとに集計されます。その集計のために作成されるのが個別原価計算表です。

個別原価計算表には直接材料費，直接労務費，直接経費，製造間接費の消費の日付や金額を記載します。そして製造が終了すると原価計算表で製造原価を集計します。

(2) 直接費の集計

個別原価計算表ではその製品の製造にかかわって発生した直接費と製造間接費を集計します。

直接費は直接材料費，直接労務費，直接経費に分けて集計しますが，いずれも基本的には実際原価の計算と同じ方法で集計します。つまり直接材料費は実際消費数量に実際消費価格を乗じて，直接労務費は実際作業時間に実際賃率を乗じて計算します。また外注加工費や特許権使用料などの直接経費はその製品の指図書番号にもとづいて発生した経費の実際発生額を集計します。

(3) 製造間接費の配賦

製造間接費は複数製品の製造過程において共通に発生した原価ですので，直接的に個別製品に負担させることができません。そこで一定の基準にもとづいて個別の製品に負担させる手続きが必要になります。この手続きを配賦といいます。

製造間接費の配賦のために，まず製造間接費配賦率を計算しなければなりません。製造間接費配賦率は一定期間の製造間接費発生額をその期間の配賦基準数値合計（たとえば全体の直接作業時間）で除することで計算します。このとき，製造間接費発生額は予定金額，配賦基準は予定配賦基準で計算することが一般的です。

$$製造間接費配賦率 = \frac{製造間接費発生額}{配賦基準数値合計}$$

そして次に，製造間接費配賦率を製品別の配賦基準（たとえばその製品の直接作業時間）に乗じることによって特定製造指図書の製造間接費配賦額が計算されます。

$$各製品の製造間接費配賦額 = 製造間接費配賦率 \times 各製品の配賦基準数$$

先にも触れたように，単一の配賦基準を用いて配賦計算を行うのは，一般的に工場の規模が比較的小規模の場合であって，工場の規模が大きくなり，より精緻な原価計算を行う必要がある場合，製造間接費の発生の仕方に着目してそ

の製造間接費ごとに関連する配賦基準を用いて計算する方法が採用されます。

(4) 製造原価の算定

特定製造指図書別に計算された直接費や間接費は原価計算表に記入され，製品の完成後に製造原価（完成品原価）を集計します。なお，原価計算期末（通常月末）までに製品が完成しなかった場合には，原価計算表に記載された金額は仕掛品原価として次期（次月）に繰り越されます。

例題13－1 次の原価計算表を完成させなさい。なお，当社は製造間接費は直接作業時間を配賦基準とする予定配賦を行っている。本年の製造間接費予算は¥1,200,000，予定直接作業時間は3,000時間である。またこの製品は4月10日に完成した。

原価計算表

製造指図書番号：No.543 　　着手日　×年4月3日
品名：A123 　　完了日　×年4月10日

(単位：円)

直接材料費					直接労務費						製造原価		
日付		品名	数量	単価	金額	日付		職種	時間	賃率	金額	日付	摘要	金額
4	3	A材	10	800		4	3	X	10	900		4	10	直接材料費	
	5	B材	8	500			5	Y	20	850			10	直接労務費	
							10	Z	10	950			10	製造間接費	
														計	

解 答

原価計算表

製造指図書番号：No.543　　　　着手日　×年4月3日
品名：A123　　　　　　　　　　完了日　×年4月10日

(単位：円)

直接材料費					直接労務費						製造原価		
日付	品名	数量	単価	金額	日付	職種	時間	賃率	金額	日付	摘要	金額
4	3	A材	10	800	8,000	4	3	X	10	900	9,000	4	10	直接材料費	12,000
	5	B材	8	500	4,000		5	Y	20	850	17,000		10	直接労務費	35,500
							10	Z	10	950	9,500		10	製造間接費	16,000
					12,000						35,500			計	63,500

解 説

(1) 直接費の集計

直接材料費 = $(10 \times ¥800) + (8 \times ¥500) = ¥12,000$

直接労務費 = $(10 \times ¥900) + (20 \times ¥850) + (10 \times ¥950) = ¥35,500$

(2) 製造間接費の配賦

製造間接費は予定配賦することになっていますので，まず予定配賦率を計算し，次に本製品への配賦額を計算します。

製造間接費配賦率 = $\dfrac{¥1,200,000}{3,000} = ¥400$

製造間接費配賦額 = $¥400 \times 40 = ¥16,000$

(3) 製造原価の算定

製品が完成していますので直接材料費合計¥12,000と直接労務費合計¥35,500をそれぞれの金額欄に記入するとともに，製造間接費配賦額¥16,000も製造原価欄に記入し，合計額を計算して原価計算表を締め切ります。

例題13-2　次の資料にもとづいて原価計算表を完成させなさい。当社は部門別個別原価計算を行っている。また製造間接費の配賦は各部門の直接作業時間に応じて行う。なお，どちらの製品も当月に着手して完成し引渡しを終えている。

〔資料〕

製造指図書番号	直接材料消費量(kg)	消費価格(円/kg)	直接作業時間(h) A部門	直接作業時間(h) B部門	賃率(円/h)	予定間接費配賦率(円/h) A部門	予定間接費配賦率(円/h) B部門
#101	100	400	120	80	900	300	430
#102	200	300	—	220	900	300	430

指図書別原価計算表

(単位:円)

指図書番号 費目	#101	#102
直 接 材 料 費		
直 接 労 務 費		
直 接 費 計		
A 部 門 費		
B 部 門 費		
製 造 間 接 費 計		
製 造 原 価		

解 答

指図書別原価計算表

(単位:円)

指図書番号 費目	#101	#102
直 接 材 料 費	40,000	60,000
直 接 労 務 費	180,000	198,000
直 接 費 計	220,000	258,000
A 部 門 費	36,000	—
B 部 門 費	34,400	94,600
製 造 間 接 費 計	70,400	94,600
製 造 原 価	290,400	352,600

解説

(1) 直接費の集計

#101
直接材料費＝100×¥400＝¥40,000
直接労務費＝(120＋80)×¥900＝¥180,000

#102
直接材料費＝200×¥300＝¥60,000
直接労務費＝220×¥900＝¥198,000

直接作業時間は部門別に集計していますが，指図書別に見れば，#101で合計200時間，#102で220時間の作業を行ったことが分かります。ですのでそれぞれの直接労務費は作業時間の合計にもとづいて計算します。

(2) 製造間接費の配賦

#101
A部門費＝¥300×120＝¥36,000
B部門費＝¥430×80＝¥34,400　　　計¥70,400

#102
A部門費＝0
B部門費＝¥430×220＝¥94,600　　　計¥94,600

部門別に予定間接費配賦率が決められており，製造間接費の配賦基準は直接作業時間と定められていますので，#101，#102それぞれで部門ごとに配賦額を計算します。#102のA部門では作業を行っていないため，原価計算表でもハイフン（－）を記入します。

(3) 製造原価の算定

#101の直接費計は¥220,000（¥40,000＋¥180,000），製造間接費計は¥70,400（¥36,000＋¥34,400）ですので，直接費計と製造間接費計を合計して製造原価を計算します。#102も同様の計算を行います。

3　個別原価計算における仕損の処理

(1) 仕損のケースと仕損費

個別原価計算における仕損は，製品の製造途中で何らかの不具合により完成

品や合格品にならず，不良品や不合格品になってしまったことをいい，その不良品や不合格品のことを仕損品といいます。総合原価計算でも仕損品に要した費用を仕損費として計算することがありますが，個別原価計算では仕損発生の状態とその後の対応策を考慮して仕損費を計算する必要があります。仕損発生の状態による対応策はおおむね次のようなケースに分けられます。

① 仕損が補修によって回復できるケース

補修のために補修指図書を発行し，補修指図書に集計された製造原価を仕損費とします。

② 仕損が補修によって回復できないケース

このケースでは新製造指図書を発行して代品を製作することになりますが，仕損費の算定には次の二つの方法があります。

A．旧製造指図書の全部が仕損となったときは，旧製造指図書に集計された製造原価を仕損費とします。

B．旧製造指図書の一部が仕損となったときは，新製造指図書に集計された製造原価を仕損費とします。

③ 仕損の補修や代品の製作のために新しい指図書を発行しないケース

仕損の補修等に要する製造原価を見積ってこれを仕損費とします。

なお，上記②や③のケースにおいて，仕損品が売却価値または利用価値を有する場合には，その見積額を控除した額を仕損費とします。ただし軽微な仕損の場合は仕損費を計上せず，単に仕損品の見積売却価額または見積利用価額をその製造指図書に集計された製造原価から控除するにとどめることもできます。

(2) 仕損費の処理

仕損費の処理は次の方法のいずれかの方法によります。

第一の方法は仕損費の実際発生額または見積額を当該指図書に賦課する方法です。第二の方法は，仕損費を製造間接費として，これを仕損の発生部門に賦課する方法です。この場合，製造間接費の予定配賦率の計算において，当該製造部門の予定間接費に仕損費の予定額を算入することになります。いずれの方法でもその製品の製造原価は当然仕損費分だけ増加します。

なお，上記の方法は正常な状態で発生した仕損費の処理方法であり，仕損の

発生原因が異常な状態による場合には，製造原価に含めず営業外費用または特別損失に計上します。

4 作業くずの処理

作業くずは製品の製造過程で発生した原材料の残りくずで，皮革くず，布の裁断くず，木くずなどがこれに当たります。これらの作業くずは，くずとはいえ素材そのものに問題があるわけではないので転売したり再利用したりすることが可能です。そこで作業くずが発生した場合には，総合原価計算の場合に準じてそれを評価して金額を確定し，その発生部門の部門費から控除するか当該製造指図書の直接材料費または製造原価から控除します。

なお，作業くずの金額が相対的にわずかの場合には，製造原価にその金額を反映させず，売却後に売却額を雑益として計上することもできます。

例題13－3 次の資料にもとづいて原価計算表を完成させなさい。

〔資料〕

製造指図書番号	#101	#102	#103	#101-1	#102-1	#103-1
直接材料費	40,000	60,000	50,000	4,000	55,000	2,500
直接労務費	180,000	198,000	120,000	10,000	180,000	8,000
製造間接費	68,000	88,000	66,000	3,000	80,000	20,000

① ＃101-1は＃101の仕損品の補修のための指図書である。
② ＃102-1は＃102の全品が仕損となったための代品の製作にあてられた指図書である。
③ ＃103-1は＃103の一部に仕損が発生したための代品の製作にあてられた指図書である。
④ ＃103に作業くず10kg（評価額は1kgあたり¥50）が把握され製造原価から控除した。

指図書別原価計算表

(単位:円)

指図書番号 費目	#101	#102-1	#103
直 接 材 料 費			
直 接 労 務 費			
製 造 間 接 費			
仕 損 費			
作 業 く ず	―	―	
製 造 原 価			

解 答

指図書別原価計算表

(単位:円)

指図書番号 費目	#101	#102-1	#103
直 接 材 料 費	40,000	55,000	50,000
直 接 労 務 費	180,000	180,000	120,000
製 造 間 接 費	68,000	80,000	66,000
仕 損 費	17,000	346,000	30,500
作 業 く ず	―	―	500
製 造 原 価	305,000	661,000	266,000

解 説

(1) **仕損費の計算**

まず,指図書#101の一部補修のために指図書#101-1を発行しましたので,指図書#101-1の金額が指図書#101の仕損費になります。

指図書#101-1の原価=¥4,000+¥10,000+¥3,000=¥17,000

次に,指図書#102のすべてが仕損になりましたので,旧指図書#102の原価が新指図書#102-1の仕損費になります。ここで指図書#102-1に集計された直接材料費,直接労務費,製造間接費が新製造原価になることに注意が必要です。

指図書#102の原価=¥60,000+¥198,000+¥88,000=¥346,000

さらに，指図書#103-1は#103の一部に仕損が発生したことにより代品の製作のために発行された指図書ですので，指図書#103-1の原価が指図書#103の仕損費になります。

　　指図書#103-1の原価 = ¥2,500 + ¥8,000 + ¥20,000 = ¥30,500

いずれのケースでも仕損費の金額だけ製造原価が増加します。

(2) 作業くずの計算

指図書#103の作業くずは1kgの評価額が¥50で，これが10kg発生しましたので作業くずの金額を計算します。

　　指図書#103の作業くず = ¥50 × 10 = ¥500

この作業くずは転売したり再利用したりすることが可能なので，指図書#103の製造原価から¥500だけ控除します。したがって指図書#103は¥500だけ製造原価が減少します。

練習問題13－1　次の資料から，原価計算表を作成するとともに4月の製造原価報告書を作成しなさい。

〔資料〕

製造指図書番号	直接材料費	直接労務費	直接作業時間	備　　　考
#1	13,000	18,000	20	3/20着手，4/16完成，4/20販売
#2	25,000	9,000	10	4/10着手，4/28完成，4/30在庫
#3	38,000	7,200	8	4/25着手，4/30仕掛中

① 4月の月初仕掛品は¥23,000で，すべて3月に製造に着手した指図書#1の原価である。
② 年間の製造間接費予算は¥1,200,000，予定直接作業時間500時間で，直接作業時間を配賦基準にして各製品に予定配賦している。
③ 4月の製造間接費実際発生額は予定配賦額のとおりであった。

指図書別原価計算表

(単位:円)

費目\指図書番号	#1	#2	#3	合計
直 接 材 料 費				
直 接 労 務 費				
製 造 間 接 費				
製 造 原 価				

製造原価報告書

(単位:円)

直 接 材 料 費	
直 接 労 務 費	
製 造 間 接 費	
当 月 製 造 費 用	
月 初 仕 掛 品 原 価	
合 計	
月 末 仕 掛 品 原 価	
当 月 製 品 製 造 原 価	

解 答

指図書別原価計算表

(単位:円)

費目\指図書番号	#1	#2	#3	合計
直 接 材 料 費	13,000	25,000	38,000	76,000
直 接 労 務 費	18,000	9,000	7,200	34,200
製 造 間 接 費	48,000	24,000	19,200	91,200
製 造 原 価	79,000	58,000	64,400	201,400

製造原価報告書
(単位:円)

直 接 材 料 費	76,000
直 接 労 務 費	34,200
製 造 間 接 費	91,200
当 月 製 造 費 用	201,400
月初仕掛品原価	23,000
合　　　計	224,400
月末仕掛品原価	64,400
当月製品製造原価	160,000

【解　説】

《指図書別原価計算表の作成》

　まず，♯1から♯3までの直接材料費と直接労務費は計算済みなのでそのままの金額を記入します。

　次に，製造間接費は予定配賦していますので，配賦率を計算し，そののち直接作業時間を用いて各指図書に配賦します。

　　製造間接費配賦率 $= \dfrac{¥1,200,000}{500} = ¥2,400$

　　指図書♯1 配賦額 $= ¥2,400 \times 20 = ¥48,000$

　　指図書♯2 配賦額 $= ¥2,400 \times 10 = ¥24,000$

　　指図書♯3 配賦額 $= ¥2,400 \times 8 = ¥19,200$

　これらの金額を製造間接費欄に記入し，各指図書の製造原価を計算します。また合計欄に直接材料費，直接労務費，製造間接費の合計を記入します。

《製造原価報告書の作成》

　指図書別原価計算表で計算した直接材料費，直接労務費，製造間接費の合計金額をそのまま製造原価報告書に記入します。これらの合計金額が当月製造費用になります。

　次に，当月製造費用に月初仕掛品原価を加算しますので，月初仕掛品原価欄に¥23,000を記入します。その加算額から月末仕掛品原価を差し引きます。月末仕掛品は月末においてまだ完成していない製品ですので，資料から指図書♯3の製品が該当します。指図書♯3の原価は¥64,400ですので，この金額を月末仕掛品原価欄に記入します。

そして最後に，当月製造費用と月初仕掛品原価の加算額（¥224,400）から月末仕掛品原価を差し引いて当月製品製造原価を算出します。

練習問題13-2 次の資料により，指図書別原価計算表を作成しなさい。なお，製品はすべて当月中に完成した。

〔資料〕

製造指図書番号	材料消費量(kg)	予定消費価格(円/kg)	直接作業時間(h) 第1部門	直接作業時間(h) 第2部門	予定賃率(円/h)	機械運転時間(h) 第1部門	機械運転時間(h) 第2部門
#1	100	300	35	20	900	—	50
#2	70	160	10	—	900	—	30
#3	60	200	30	10	900	—	40
#1-2	10	300	10	5	900	—	10
#2-2	70	160	10	—	900	—	30
#3-2	15	200	—	5	900	—	10

① 年間の製造間接費予算は¥750,000であり，そのうち第1部門には¥300,000，第2部門には¥450,000が割り当てられている。また第1部門は直接作業時間を，第2部門は機械運転時間を配賦基準にして各製品に予定配賦している。なお当社全体の年間の予定直接作業時間は600時間，予定機械作業時間は1,000時間であった。
② #1-2は，#1の仕損品の補修のための指図書である。
③ #2-2は，#2の全品が仕損となったための代品の製作にあてられた指図書である。
④ #3-2は，#3の一部に仕損が発生したための代品の製作にあてられた指図書である。
⑤ #1に作業くず5kg（評価額は1kgあたり¥120），#3に作業くず3kg（評価額は1kgあたり¥100）が把握され，どちらも直接材料費から控除した。

XIII 個別原価計算

指図書別原価計算表

(単位:円)

指図書番号 費　目	#1	#2-2	#3	合　計
直 接 材 料 費				
直 接 労 務 費				
直 接 費 計				
第 1 部 門 費				
第 2 部 門 費				
製 造 間 接 費 計				
仕 損 費				
製 造 原 価				

解　答

指図書別原価計算表

(単位:円)

指図書番号 費　目	#1	#2-2	#3	合　計
直 接 材 料 費	29,400	11,200	11,700	52,300
直 接 労 務 費	49,500	9,000	36,000	94,500
直 接 費 計	78,900	20,200	47,700	146,800
第 1 部 門 費	17,500	5,000	15,000	37,500
第 2 部 門 費	22,500	13,500	18,000	54,000
製 造 間 接 費 計	40,000	18,500	33,000	91,500
仕 損 費	26,000	38,700	12,000	76,700
製 造 原 価	144,900	77,400	92,700	315,000

解　説

《直接費の計算》

　直接材料費は材料消費量×予定消費価格，直接労務費は直接作業時間×予定賃率で計算します。

＃1の場合，直接材料費＝100×¥300，直接労務費＝(35＋20)×¥900になります。ここで直接労務費は第1部門と第2部門の直接作業時間を加算することに注意が必要です。指図書＃2-2も＃3も同様に計算します。ただし＃1と＃3に作業くずが生じ，その評価額を直接材料費から差し引くことになっていますので，直接材料費の金額に注意が必要です。

《製造間接費の計算》

製造間接費は予定配賦していますので，まず配賦率を計算しなければなりませんが，その際第1部門と第2部門に分けて計算します。そののち第1部門は直接作業時間，第2部門は機械運転時間を用いて配賦します。

第1部門製造間接費配賦率 ＝ $\dfrac{¥300,000}{600}$ ＝ ¥500

第2部門製造間接費配賦率 ＝ $\dfrac{¥450,000}{1,000}$ ＝ ¥450

指図書＃1第1部門配賦額＝¥500×35＝¥17,500

指図書＃1第2部門配賦額＝¥450×50＝¥22,500

指図書＃2-2も＃3も同様です。

《仕損費の計算》

＃1仕損費(＃1-2)＝(10×¥300)＋(15×¥900)＋(10×¥500)＋(10×¥450)
　　　　　　　　＝¥26,000

＃2-2仕損費(＃2)＝(70×¥160)＋(10×¥900)＋(10×¥500)＋(30×¥450)
　　　　　　　　＝¥38,700

＃3仕損費(＃3-2)＝(15×¥200)＋(5×¥900)＋(10×¥450)＝¥12,000

《作業くずの計算》

＃1に発生した作業くずの評価額は¥600（3kg×¥120），＃3の作業くずの評価額は¥300（3kg×¥100）です。それぞれを直接材料費（＃1は¥30,000，＃3は¥12,000）から差し引いた金額を原価計算表の直接材料費欄に記入します。

標準原価計算(その1)

1 標準原価計算とは

　製造業ではライバル会社との競争に打ち勝ち優位性をもつために,少しでも低い原価で,しかも品質の良い製品を効率的に生産することは,きわめて重要な戦略要因です。

　そこで,原価水準を引き下げ,それを維持していくための**原価管理**と,この原価管理に役立つ資料を提供する**標準原価計算**は,製造業には欠かせない管理ツールとなります。

　実際原価計算で算出される実際原価は,製品を製造するために実際に要した**「あるがままの原価」**ですから,そこには価格変動や作業のムダや不能率といった,そのときどきで変化することがら(偶然的原価)が混在されています。したがって,このような実際原価を比較しても原価管理には役立たないわけです。しかも実際原価計算では,月末にならなければ原価を集計することもできず,計算が遅れること(「ころがし」計算の実施)は,原価管理のタイミングを大きく逸脱させるものとなります。

　標準原価計算では,作業のムダや不能率を取り除いた**「あるべき原価」**,すなわち目標としての原価(能率測定尺度としての標準原価)を計算します。この標準原価と実際原価を比較して原価差異を求め,これを分析することによって,能率の良否つまり「原価管理」を効果的に行うことができるのです。

2 標準原価計算の目的

　標準原価計算が役立ちうる目的としては,(1)原価管理目的,(2)財務諸表作成

目的，(3)予算管理目的，(4)記帳の簡素化・迅速化目的，などが指摘されます。

3　標準原価計算の手続

　原価管理のための標準原価計算は，標準原価と比較される実際原価の計算とあわせて行われます。そこで，標準原価計算の流れ（手続き）は，次の手順で行われます。

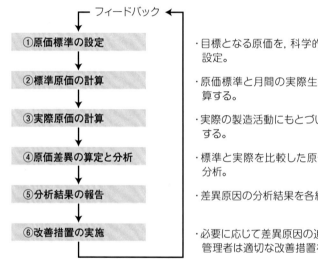

（注）　フィードバックされ，原価標準の改訂や必要に応じて，その前提となる経営計画が変更される。すなわち，PDCA（Plan → Do → Check → Action）サイクルとして機能します。

4　原価標準の設定

　標準原価計算を実施するためには，まず，製品の製造に先だって，その計算基礎となる**原価標準**を設定する。この原価標準は，製品1単位当たりの標準原価（目標となる原価）であり，通常，直接材料費・直接労務費などの直接費および製造間接費の3つの原価要素に分けて，単なる見積りではなく，科学的・統計的な調査にもとづいて設定されます。

原価要素ごとに設定された原価標準は，次のような**標準原価カード**に示されます。

	甲製品　標準原価カード		
	標準消費量	標準価格	金　額
直接材料費	4 kg	100円/kg	400円
	標準直接作業時間	標準賃率	
直接労務費	2時間	250円/時間	500円
	標準配賦基準	標準配賦率	
製造間接費	2時間	300円/時間	600円
	製品1単位当たりの標準原価		1,500円

（注）　直接経費についても原価標準を設定する場合もあります。直接材料費と加工費（直接労務費と製造間接費）とする標準原価カード方式もあり，さらに外注加工費を原価標準の1つに加える場合もあります。

(1)　標準直接材料費

これは，直接材料の種類ごとに製品1単位当たりに必要な直接材料の標準消費量と標準価格を定め，両者を乗じて算定されます。

$$\text{製品1単位当たり標準直接材料費} = \text{標準消費量（製品1単位当たり）} \times \text{標準価格}$$

標準消費量とは，材料をムダなく使った場合での消費量を意味し，単なる予測ではなく，科学的・統計的調査にもとづいて決定された消費量です。標準価格は，予定価格または過去の実際価格を平均し，これに将来の価格変動を加味した正常価格が用いられます。

(2)　標準直接労務費

これは，直接作業の区分ごとに製品1単位当たりに必要な標準直接作業時間と標準賃率を定め，両者を乗じて算定されます。

$$\text{製品1単位当たり標準直接労務費} = \text{標準直接作業時間(製品1単位当たり)} \times \text{標準賃率}$$

標準直接作業時間とは，作業をムダなく行った場合での直接作業時間，すなわち合理的な仕事の手順や標準時間などを研究する動作研究・時間研究などにもとづいて決められた作業時間です。標準賃率は，直接作業の種類別，作業区分別あるいは部門別に算定された予定賃率または正常賃率が用いられます。

(3) 標準製造間接費

製造間接費の標準については，直接費の場合と異なり，製品単位当たりには直接とらえられない多くの原価項目を含んでおり，しかも操業度の変化に対して固定費となる部分と変動費の部分とからなっているので，製品単位当たりにどれだけ消費されるのか明らかではありません。それゆえ，製造間接費発生と密接な関係を有する配賦基準（例えば，直接作業時間や機械運転時間など）を選択し，以下の式で**標準配賦率**を求め，それに標準配賦基準を乗じて製品1単位当たりの標準製造間接費が算定されます。

$$\text{製品1単位当たり標準製造間接費} = \text{標準配賦基準(製品1単位当たり)} \times \text{標準配賦率}$$

上記の標準配賦率は，次のようにして求めます。まず会計年度の初めに基準操業度を選び，その基準操業度のもとでの製造間接費発生額を見積ります。これを製造間接費予算という。これは部門（または部門を細分した作業単位）別に算定します。部門間接費予算は，固定予算か変動予算のいずれかを用いて設定します。

$$\text{標準配賦率} = \frac{\text{製造間接費予算額}}{\text{基準操業度における直接作業時間など}}$$

基準操業度とは，一定期間における正常な状態での生産量を実現する生産設備の予定している利用度（操業度）のことであり，一般には直接作業時間や機械運転時間などで表されることが多いものです。**製造間接費予算額**とは，基準

操業度における製造間接費額を費目別に積み上げて予測した金額です。

① 固定予算

固定予算とは，予算期間において予測される一定の操業度についてのみ製造間接費予算を設定する予算です。したがって，予算期間中はこれを変更せずに実際の操業度が基準操業度と異なっても，当初の予算額がそのまま実際発生額と比較されます。つまり，基準操業度と実際操業度が違っても，基準操業度における予算額を当月の予算額とする方法です。

② 変動予算

変動予算とは，製造間接費予算を予算期間に予期される範囲内における種々の操業度に対応して設定する予算です。その設定方法には，いくつか方法がありますが，その利便性より公式法変動予算が多く利用されています。

公式法変動予算とは，製造間接費を**固定費**と**変動費**に分け，変動費は操業度の増減に応じて変動費率をあらかじめ測定し，固定費は常に一定とし，これにその都度の関係操業度を乗じて予算額を算定する方法です。すなわち，下記の公式の x に任意の操業度をあてはめることにより，予算（許容）額を即座に求めることができます。

$$y = a + b(x)$$

　　　　ただし，y：製造間接費予算額　a：固定費　b：変動費率　x：操業度

標準配賦率は，変動費率と固定費率とに分けられます。変動費率は変動費予算額を基準操業度で，また，固定費率は固定費予算額を基準操業度で割ることにより求められます。

5　標準原価の計算

(1) 完成品と月末仕掛品の標準原価の計算

製造が開始され，月間の実際生産量（完成品数量と月末仕掛品数量）が明らかになると，これにもとづき完成品と月末仕掛品の標準原価を計算します。

> 完成品の標準原価＝原価標準×完成品数量

（注）標準原価計算では，実際総合原価計算のように平均法や先入先出法という方

式を用いた原価の按分計算は行わない。なぜなら，完成品原価は「原価標準×完成品数量」として事前に計算されるからです。

月末仕掛品も完成品原価と同じように標準原価を計算します。この場合，直接労務費と製造間接費は加工費であるため，加工進捗度を加味した月末仕掛品の完成品換算量を用いて計算します。それゆえ，月末仕掛品の標準原価は，直接材料費，直接労務費，製造間接費の各要素別に算定することになります。

> 月末仕掛品の標準原価＝原価標準×月末仕掛品の完成品換算数量

（注）直接材料費についても，直接材料が加工に応じて平均的に投入される場合には，換算数量を用いて計算します。

なお，月初仕掛品については，前月の月末仕掛品であるため，月初仕掛品原価も月末仕掛品原価と同様に標準原価で計算されています。

例題14－1

標準原価計算を採用する当社の次の資料により，完成品の標準原価，月末仕掛品および月初仕掛品の標準原価を計算しなさい。なお，直接材料費は製造着手のときにすべて投入されるものとする。

〔資料〕
1．標準原価カード

甲製品　標準原価カード			
	標準消費量	標準価格	金　額
直接材料費	4kg	100円/kg	400円
	標準直接作業時間	標準賃率	
直接労務費	2時間	250円/時間	500円
	標準配賦基準	標準配賦率	
製造間接費	2時間	300円/時間	600円
製品1単位当たりの標準原価			1,500円

（注）製造間接費の配賦基準として直接作業時間が用いられている。

2．生産データ
　　月初仕掛品　　　100個(60%)
　　当月投入　　　1,100
　　　計　　　　　1,200個
　　月末仕掛品　　　300　(40%)
　　完　成　品　　　900個
　　　　（　）内の数値は加工進捗度を示す。

[解　答]

(1) 完　成　品　原　価：1,500円/個×900個＝1,350,000円
(2) 月末仕掛品原価
　　　直接材料費：400円/個×300個　　　＝　120,000円
　　　直接労務費：500円/個×300個×40%＝　 60,000円
　　　製造間接費：600円/個×300個×40%＝　 72,000円
　　　　　　　　　　　　　　　　　　　　　252,000円
(3) 月初仕掛品原価
　　　直接材料費：400円/個×100個　　　＝　 40,000円
　　　直接労務費：500円/個×100個×60%＝　 30,000円
　　　製造間接費：600円/個×100個×60%＝　 36,000円
　　　　　　　　　　　　　　　　　　　　　106,000円

(2)　**当月投入量に対する標準原価の計算**

　標準原価計算では，標準原価と実際原価を比較してその差異を分析するが，この場合，当月投入量に対する標準原価と当月投入量に対する実際原価を比較する。なぜなら，当月の製造活動から生じたムダや不能率を排除しようとするのが標準原価計算の目的だからです。したがって，これに呼応するような計算方式が求められます。

　すなわち，標準原価は原価標準に当月の生産実績を乗じて計算します。しかも原価標準は，完成品1単位当たりに対して算定されているため，当月の生産実績，つまり当月投入量には当月投入完成品換算量を用いる必要があることになります。

　この当月投入量は，「完成品に換算すると，当月は何個分の製造活動を行っ

たことになるのか!?」という数量で示すことができ，次のように計算します。

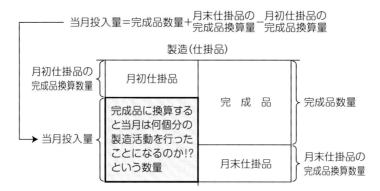

当月投入量の計算ができれば，次に，直接材料費・直接労務費・製造間接費のそれぞれについて，原価標準に当月投入量を掛けて，当月投入量に対する標準原価を計算します。

> 当月投入量に対する標準原価＝原価標準×当月投入量

例題14－2 前掲［例題14－1］の諸資料（標準原価カードと生産データ）により，当月投入量に対する標準原価を計算しなさい。

解答・解説

直接材料費	1,100個（当月投入量）×400円＝	440,000円
直接労務費	960個（当月投入量）×500円＝	480,000円
製造間接費	960個（当月投入量）×600円＝	576,000円
当月投入量に対する標準原価		1,496,000円

⑦当月投入量（直接材料費）：900個＋300個－100個＝1,100個
④当月投入量（加工費）：900個＋300個×40％－100個×60％＝960個

6　実際原価の計算

　標準原価と比較する実際原価は，これまで学習してきた実際原価の計算の方法によって行われます。すなわち，月末に当月の実際原価（直接材料費，直接

労務費，製造間接費）が集計されます。したがって，標準原価計算を採用する場合でも，実際原価の計算は行われるという点に注意して下さい。

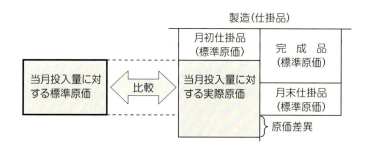

7　標準原価計算の記帳法

　同種製品を市場見込みで連続して多量生産している製造業では，1カ月間の実際生産量が判明した時点で原価差異が把握されるのが一般です。この場合，**パーシャル・プラン**という記帳法が採用されます。

　標準原価計算では，製造（仕掛品）勘定の貸方（完成品原価および月末仕掛品原価）は標準原価で記入される。完成品原価は標準原価で製品勘定へ振り替えられるので，当然，製品勘定も標準原価で記入されること（下図：矢印と網掛け部分）になります。

　しかし，製造（仕掛品）勘定の借方側，つまり当月投入量に対する直接材料費・直接労務費・製造間接費をどのような金額で記入するかによって，**パーシャル・プラン**か**シングル・プラン**かという勘定記入の方法となります。

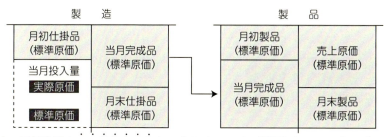

（注）　原価差異をいつ把握するかというタイミングの問題として，**アウトプット法**と**インプット法**とがあります。前者は，原価差異を製品の完成時に算定する方

法であり，後者は，それを各原価要素の投入点つまり消費時点で算定する方法です。そして，両者を会計システムとの関係性より，前者をパーシャル・プラン，後者をシングル・プランと呼んでいるのです。

(1) パーシャル・プラン

パーシャル・プランとは，製造（仕掛品）勘定の当月投入（直接材料費，直接労務費，製造間接費）を**実際原価**で記入する方法です。したがって，当月の標準原価と実際原価の差額である原価差異は，製造（仕掛品）勘定で把握されることになります。

(2) シングル・プラン

シングル・プランとは，製造（仕掛品）勘定の当月投入（直接材料費，直接労務費，製造間接費）を**標準原価**で記入する方法です。この方法によると，当月の標準原価と実際原価の差額である原価差異は，製造（仕掛品）勘定のひとつ手前にある各原価要素の勘定（材料，賃金，製造間接費）段階で把握されることになります。

> **例題14－3** 当社は標準原価計算制度を採用している。次の資料にもとづいて，パーシャル・プランにより，製造（仕掛品）勘定，製品勘定および原価差異勘定に適当な金額を記入しなさい。なお，資料の1．と2．については，前掲［例題14－1］データと同じである。

〔資料〕
3．月初製品在庫　200個，月末製品在庫　100個
4．当月の実際発生高
　(1)　直接材料費実際発生額　　450,840円（102円/kg×4,420kg）
　(2)　直接労務費実際発生額　　495,300円（254円/時間×1,950時間）
　(3)　製造間接費実際発生額　　613,000円
　　（間接材料費122,600円，間接労務費214,550円，間接経費275,850円）

解　答

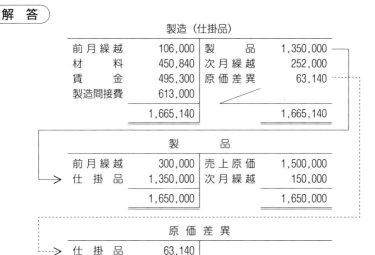

解　説

　仕掛品勘定における前月繰越，製品，次月繰越の金額については，前掲［例題14－1］での月初仕掛品，完成品，月末仕掛品の各原価を記入する。当月投入量に対応する金額（材料，賃金，製造間接費）は，パーシャル・プランによる記帳法であるため，当月の実際発生額で記入されることになる。その結果，この勘定の貸借「差額」で原価差異が認識される。つまり，産出（アウトプット）段階で原価差異が算定されることになります。

　製品勘定の売上原価は，今期1,000個（200個＋900個－100個）が販売されている。したがって，それに単位当たり標準原価（1,500円/個）を乗じた金額である。

練習問題14－1

　当工場では製品Bを連続大量生産している。次のそれぞれの場合における完成品原価および月末仕掛品原価を求めなさい。

問1　当工場が標準原価計算制度を採用している場合

問2　当工場が実際原価計算制度を採用している場合（月末仕掛品の評価方法：平均法）

〔資料〕
1．製品Bの標準原価カード

	製品B　標準原価カード		
	標準消費量	標準価格	金　額
直接材料費	4kg	125円/kg	500円
	標準直接作業時間	標準賃率	
直接労務費	2時間	350円/時間	700円
	標準配賦基準	標準配賦率	
製造間接費	2時間	400円/時間	800円
	製品1単位当たりの標準原価		2,000円

（注）製造間接費の配賦基準として直接作業時間が用いられている。

2．生産データ

　　月初仕掛品　　　300個（1/3）
　　当月投入　　　1,200
　　　計　　　　　1,500個
　　月末仕掛品　　　200　（3/4）
　　完成品　　　　1,300個

　なお，材料はすべて工程の始点で投入されている。また，（　）内の数値は加工進捗度を示す。

3．当月の実際原価データ：

	直接材料費	直接労務費	製造間接費
月初仕掛品原価	135,000円	75,000円	78,000円
当月製造費用	616,500円	867,500円	1,231,350円

解　答

問1　完成品原価：2,600,000円　　月末仕掛品原価：325,000円
問2　完成品原価：2,670,200円　　月末仕掛品原価：333,150円

解 説

標準原価計算制度
　完 成 品 原 価：1,300個×2,000円/個＝2,600,000円
　月末仕掛品原価
　　直接材料費：200個×500円/個　　　　＝ 100,000円
　　直接労務費：(200個×3/4)×700円/個＝ 105,000円
　　製造間接費：(200個×3/4)×800円/個＝ 120,000円

実際原価計算制度

月末仕掛品直接材料費：$\dfrac{135,000円+616,500円}{1,300個+200個}\times 200個=100,200円$

完成品直接材料費：$(135,000円+616,500円)-100,200円=651,300円$

月末仕掛品加工費：

$\dfrac{(75,000円+867,500円)+(78,000円+1,231,350円)}{1,300個+200個\times 3/4}\times 200個\times 3/4=232,950円$

完 成 品 加 工 費：

$\{(75,000円+867,500円)+(78,000円+1,231,350円)\}-232,950円=2,018,900円$

練習問題14－2　当社は標準原価計算制度を採用している。次の資料にもとづいて，パーシャル・プランにより，仕掛品勘定および製品勘定の(　)内に適当な金額を記入しなさい。

〔資料〕

1. 製品Xの標準原価カード

製品X　標準原価カード			
	標準消費量	標準価格	金　　額
直接材料費	4kg	150円/kg	600円
	標準直接作業時間	標準賃率	
直接労務費	2時間	280円/時間	560円
	標準配賦基準	標準配賦率	
製造間接費	2時間	320円/時間	640円
製品1単位当たりの標準原価			1,800円

　　　(注)　製造間接費の配賦基準として直接作業時間が用いられている。

2．生産データ
    月初仕掛品   400個（3/4）
    当月投入   1,000
            1,400個
    月末仕掛品   250　（2/5）
    完成品   1,150個
    なお，材料はすべて工程の始点で投入している。また，（　）内の数値は加工進捗度を示す。
3．月初製品在庫　　250個　　月末製品在庫　　350個
4．当月の実際発生額
  (1)　直接材料費実際発生額　　602,000円
  (2)　直接労務費実際発生額　　533,000円
  (3)　製造間接費実際発生額　　610,000円

仕　掛　品

前月繰越（　　　）	製　　品（　　　）
材　　料（　　　）	次月繰越（　　　）
賃　　金（　　　）	原価差異（　　　）
製造間接費（　　　）	
原価差異（　　　）	
（　　　）	（　　　）

原　価　差　異

仕　掛　品（　　　）	仕　掛　品（　　　）

製　　品

前月繰越（　　　）	売上原価（　　　）
仕　掛　品（　　　）	次月繰越（　　　）
（　　　）	（　　　）

（注）記入不要な（　）内には―――を記入すること。

解 答

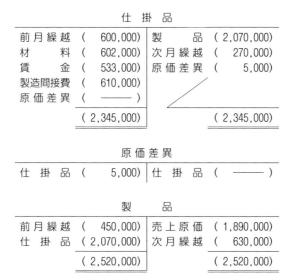

解 説

パーシャル・プランによる勘定記入法ですから，原価差異は仕掛品勘定の貸借差額として認識されます。当月投入量に対応する金額は，実際発生額を記入します。

前月繰越 ⇒ 600,000円
 直接材料費：400個×600円/個　　＝240,000円
 直接労務費：400個×3/4×560円/個＝168,000円
 製造間接費：400個×3/4×640円/個＝192,000円
製　品：1,150個×1,800円/個＝2,070,000円
次月繰越 ⇒ 270,000円
 直接材料費：250個×600円/個　　＝150,000円
 直接労務費：250個×2/5×560円/個＝ 56,000円
 製造間接費：250個×2/5×640円/個＝ 64,000円
売上原価：1,050個（250個＋1,150個－350個）
　　　∴ 1,050個×1,800円/個＝1,890,000円

標準原価計算(その2)

1 原価差異の計算の分析

前章で述べたパーシャル・プランによる勘定記入では,製造(仕掛品)勘定において,当月の原価差異を把握しました。これは直接材料費,直接労務費,製造間接費のそれぞれから生じた差異の総額であり,当然,このままでは原価管理には役立てることができません。なぜなら差異総額だけを把握しても,その発生した原因がわからなければ,今後に向けた改善策を考えることができないからです。

そこで,有効な原価管理を行うためには,原価要素別に原価差異を計算して,その内容を原因別に分析する必要があります。

> 原価差異=直接材料費差異+直接労務費差異+製造間接費差異

(1) 直接材料費差異

当月投入量に対する標準直接材料費と実際直接材料費との差額を,直接材料費差異といい,さらに材料の種類別に**価格差異**と**数量差異**に分析します。

	直接材料費差異	
種 類	価 格 差 異	数 量 差 異
発 生原 因	市価の変動,仕入れ活動の適否など企業外部の原因で生じる。	作業場の失敗,規格以外の材料の使用,作業方法の変更など内部原因で発生。
計 算方 法	(標準単価−実際単価)×実際消費数量	(標準消費数量−実際消費数量)×標準単価

例題15－1 次の甲製品の資料から，直接材料費差異の分析をしなさい。ただし，直接材料費は製造着手のときにすべて投入されるものとする。

1．標準原価カード

甲製品　標準原価カード			
	標準消費量	標準価格	金　額
直接材料費	4 kg	100円/kg	400円

2．生産データ

　　月初仕掛品　　100個（60％）
　　当月投入　　1,100
　　　計　　　　1,200個
　　月末仕掛品　　300　（40％）
　　完 成 品　　　900個
　　（　）内の数値は加工進捗度を示す。

3．当月の実際発生高
　　直接材料費実際発生額　　450,840円　（102円/kg × 4,420kg）

解答・解説

　当月投入量：900個＋300個－100個＝1,100個
　標準消費数量：4 kg×1,100個（当月投入量）＝4,400kg
　直接材料費差異：400円/個×1,100個－450,840円（実際発生額）＝－10,840円
　価格差異：（100円/kg －102円/kg）×4,420kg ＝－8,840円
　数量差異：（4,400kg －4,420kg）×100円/kg ＝－2,000円

	価　格　差　異	
実際単価 標準単価	当月投入量に対する標準直接材料費	数量差異
	標準消費数量	実際消費数量

（注）　原価差異の分析図を作成する場合は，データ（数値）の大小にかかわらず，内側の枠には標準原価に関するデータ，外側の枠には実際原価に関するデータを記入します。

原価差異の計算に当たり，標準の原価データから実際の原価データを差し引いている。すなわち，後者が前者データを超過した場合は，符号は**マイナス**となり，この部分はムダや不能率が生じたことを示すので**不利な差異**といいます。また，この不利差異は，差異勘定の借方に記入されるので，**借方差異**とも呼ばれています。

逆に，実際の原価データが標準の原価データを下回った場合は，符号は**プラス**で，**有利な差異**となり，これは差異勘定の貸方に記入されるので，**貸方差異**ともいわれます。

(2) 直接労務費差異

当月投入量に対する標準直接労務費と実際直接労務費との差額を，直接労務費差異といい，さらに作業の区分別に**賃率差異**と**時間差異**に分析します。

直接労務費差異		
種　類	賃　率　差　異	時　間　差　異
発　生原　因	賃率の改定や労務費計算の方法の変更など外部要因によって生じる。	作業方法の誤りや変更・不適切な作業など内部要因によって生じる。
計　算方　法	(標準賃率－実際賃率)×実際直接作業時間	(標準直接作業時間－実際直接作業時間)×標準賃率

例題15－2 次の甲製品の資料から，直接労務費差異の分析をしなさい。

1．標準原価カード

甲製品　標準原価カード			
	標準直接作業時間	標準賃率	金　　額
直接労務費	2時間	250円/時間	500円

2．生産データ：略［例題15－1と同じ］
3．当月の実際発生高
　　直接労務費実際発生額　　495,300円（254円/時間×1,950時間）

解答・解説

　当月投入量：900個＋300個×0.4－100個×0.6＝960個
　標準直接作業時間：2時間×960個（当月投入量）＝1,920時間

直接労務費差異：500円/個×960個－495,300円（実際発生額）＝－15,300円
賃率差異：(250円/時間－254円/時間)×1,950時間＝－7,800円
時間差異：(1,920時間－1,950時間)×250円/時間＝－7,500円

	賃　率　差　異	
実際賃率		
標準賃率	当月投入量に対する 標準直接労務費	時間差異
	標準直接作業時間	実際直接作業時間

(3) 製造間接費差異

　当月投入量に対する標準製造間接費と実際製造間接費との差額を，製造間接費差異といい，さらに原因別に**予算差異**，**能率差異**および**操業度差異**に分析します。

　なお，製造間接費予算は**公式法変動予算**によるものとします。

種　類	製造間接費差異		
	予算差異	能率差異	操業度差異
発　生 原　因	部門管理者の予算に対する管理の良否などで生じる差異	作業方法の誤りや変更・不適切な作業などで生じる差異	生産設備の利用状況の良否が原因で固定費から発生する差異
計　算 方　法	(変動費率×実際操業度 ＋固定費予算額)－実際間接費発生額	標準配賦率×(標準操業度－実際操業度)	固定費率×(実際操業度－基準操業度)

例題15－3　次の甲製品の資料から，製造間接費差異の分析をしなさい。

1．標準原価カード

甲製品　標準原価カード			
	標準配賦基準	標準配賦率	金　　額
製造間接費	2時間	300円/時間	600円

　　（注）　製造間接費の配賦基準として直接作業時間が用いられている。
　　　　　月間正常直接作業時間は，2,000時間である。

2．生産データ：略［例題15－1と同じ］
3．当月の実際発生高
　　製造間接費実際発生額　　613,000円
　　（間接材料費 122,600円，間接労務費 214,550円，間接経費 275,850円）

解答・解説

当月投入量：900個＋300個×0.4－100個×0.6＝960個
標準直接作業時間：2時間×960個（当月投入量）＝1,920時間
製造間接費差異：600円／個×960個－613,000円（実際発生額）＝－37,000円
　予算差異：
　　（120円／時間［変動費率］×1,950時間＋360,000円）－613,000円＝－19,000円
　能率差異：
　　（1,920時間－1,950時間）×300円／時間［標準配賦率］＝－9,000円
　標準配賦率を変動費率と固定費率に分けて，次のように計算してもよい。
　　（1,920時間－1,950時間）×120円＋（1,920時間－1,950時間）×180円＝－9,000円
　操業度差異：
　　（1,950時間－2,000時間）×180円／時間［固定費率］＝－9,000円
　次のように計算してもよい。
　　1,950時間×300円－（1,950時間×120円＋360,000円）＝－9,000円

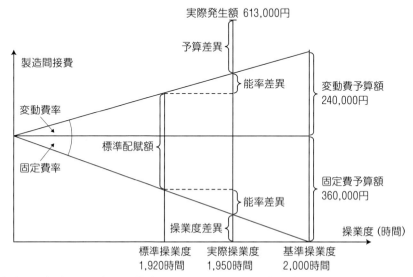

（注）　原価差異の分析図を作成する場合は，操業度（時間）の長短にかかわらず，

時間軸の内側から順番に，標準操業度，実際操業度，基準操業度を記入します。また能率差異の計算では，標準直接作業時間から実際直接作業時間を差し引き，操業度差異の計算では，実際直接作業時間から基準直接作業時間を差し引いて計算します。

公式法変動予算による製造間接費の差異分析法は，いくつかの方法がありますが，ここでは差異分析により計算された各差異の把握法を中心として要約します。

四分法	三分法(1)	三分法(2)	二分法
予算差異	予算差異	予算差異	統制可能差異
変動費能率差異	能率差異	能率差異	
固定費能率差異		操業度差異	操業度差異
操業度差異	操業度差異		

三分法(1)：能率差異の分析を，変動費および固定費の両方から算出している方法です。この方式による三分法が，前掲［例題15－3］で解答した差異分析の方法なのです。

三分法(2)：能率差異を変動費のみから算出する方法です。

以上，三分法(1)の能率差異を変動費部分と固定費部分との能率差異に分離した方式が**四分法**となります。また同様に，二分法における統制可能差異を予算差異と能率差異に分離させた方式が，三分法(2)の分析法にほかなりません。

これら差異分析による方式を示せば，次のとおりです。

二分法：
　統制可能差異＝（標準操業度×変動費率＋固定費予算額）－実際間接費発生額
　　（1,920時間×120円/時間＋360,000円）－613,000円＝－22,600円
　操業度差異＝（標準操業度－基準操業度）×固定費率
　　（1,920時間－2,000時間）×180円/時間＝－14,400円

三分法(2)：
　予算差異＝実際操業度に対応する予算額－実際間接費発生額
　　（1,950時間×120円/時間＋360,000円）－613,000円＝－19,000円
　能率差異＝（標準操業度－実際操業度）×変動費率
　　（1,920時間－1,950時間）×120円/時間＝－3,600円
　操業度差異＝（標準操業度－基準操業度）×固定費率
　　（1,920時間－2,000時間）×180円/時間＝－14,400円

固定予算による場合

　固定予算を採用している場合の差異分析は，基本的には公式法変動予算の場合と同じですが，固定費と変動費を分けないために，操業度差異は，標準配賦率に実際操業度と基準操業度との差を乗じた値として算定されます。また，能率差異も標準操業度と実際操業度との差に標準配賦率を乗じた値となります。

　参考までに，前掲［例題15－3］の製造間接費予算を固定予算によった場合，その分析法は次のようになります。

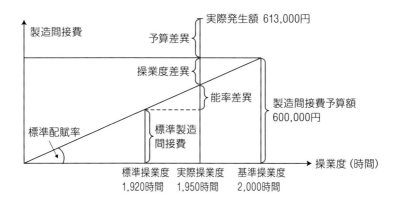

製造間接費差異（総差異）：
　　（1,920時間×300円/時間）－613,000円＝－37,000円
　予算差異：600,000円［予算許容額］－613,000円［実際発生額］＝－13,000円
　操業度差異：（1,950時間－2,000時間）×300円/時間＝－15,000円
　能率差異：（1,920時間－1,950時間）×300円/時間＝－9,000円

練習問題15－1
当社は標準原価計算制度を採用しており，パーシャル・プランによって記帳している。そして，原価管理に役立てるべく，原価要素別に標準原価差異の差異分析を行っている。下掲の資料にもとづき，次の**問1**から**問3**に答えなさい。また，原価差異については，借方差異か貸方差異であるかを示しなさい。

　問1　直接材料費差異を計算し，それを価格差異と数量差異とに分析しなさい。

　問2　直接労務費差異を計算し，それを賃率差異と時間差異とに分析しなさ

い。
問3 製造間接費の差異分析は変動予算を用いて三分法にて行っている。製造間接費差異を計算し，それを予算差異，操業度差異，能率差異に分析しなさい。なお，能率差異を，変動費及び固定費の両方から算出する三分法によっている。

〔資料〕
1．製品Yの標準原価カード

	製品Y　標準原価カード		
	標準消費量	標準価格	金　　額
直接材料費	5kg	120円/kg	600円
	標準直接作業時間	標準賃率	
直接労務費	3時間	250円/時間	750円
	標準直接作業時間	標準配賦率	
製造間接費	3時間	350円/時間	1,050円
	製品1単位当たりの標準原価		2,400円

2．製造間接費予算（公式法変動予算）
　　変動費率　　150円/時間　　固定費（月額）　640,000円
　　基準操業度　3,200時間

3．生産データ
　　月初仕掛品　　300個(1/2)
　　当月投入　　　900
　　　計　　　　1,200個
　　月末仕掛品　　100　(4/5)
　　完成品　　　1,100個

　　なお，材料はすべて工程の始点で投入している。また，（　　）内の数値は加工進捗度を示す。

4．当月の実際発生額
　(1) 直接材料費実際発生額　　568,750円（125円/kg×4,550kg）
　(2) 直接労務費実際発生額　　781,200円（252円/時間×3,100時間）
　(3) 製造間接費実際発生額　　1,120,000円（実際操業度　各自推定）

XV 標準原価計算（その２）　163

【解　答】
問1　直接材料費差異： 28,750円 （ 借方 差異）
　　　①価　格　差　異： 22,750円 （ 借方 差異）
　　　②数　量　差　異： 6,000円 （ 借方 差異）
問2　直接労務費差異： 8,700円 （ 借方 差異）
　　　①賃　率　差　異： 6,200円 （ 借方 差異）
　　　②時　間　差　異： 2,500円 （ 借方 差異）
問3　製造間接費差異： 38,500円 （ 借方 差異）
　　　①予　算　差　異： 15,000円 （ 借方 差異）
　　　②操業度差異： 20,000円 （ 借方 差異）
　　　③能　率　差　異： 3,500円 （ 借方 差異）

【解　説】
問1　直接材料費差異（総差異）：
　　　（120円/kg×4,500kg）－（125円/kg×4,550kg）＝－28,750円（不利）
　　　価格差異：（120円/kg－125円/kg）×4,550kg＝－22,750円（不利）
　　　数量差異：（4,500kg－4,550kg）×120円/kg＝－6,000円（不利）
　　　　当月の標準消費量は，900個×5kg＝4,500kgとなります。
問2　直接労務費差異（総差異）：
　　　（250円/時間×3,090時間）－（252円/時間×3,100時間）＝－8,700円（不利）
　　　賃率差異：（250円/時間－252円/時間）×3,100時間＝－6,200円（不利）
　　　時間差異：（3,090時間－3,100時間）×250円/時間＝－2,500円（不利）
　　　　当月の標準作業時間は，1,030個×3時間＝3,090時間となります。
　　　　　∵　1,100個＋100個×（4/5）－300個×（1/2）＝1,030個
問3　標準原価カードの製造間接費が，「標準直接作業時間3時間×標準配賦率350円/時間」となっていることから，製造間接費は直接作業時間を基準に標準配賦していることが理解されます。したがって，標準操業度3,090時間および実際操業度3,100時間は，直接労務費の計算と同じデータを用いることとなります。

　　製造間接費差異（総差異）：
　　　（350円/時間×3,090時間）－1,120,000円（実際発生額）＝－38,500円（不利）
　　予算差異：
　　　（3,100時間×150円/時間＋640,000円）－1,120,000円＝－15,000円（不利）
　　　　実際操業度に対応する予算額 1,105,000円

操業度差異：

(3,100時間－3,200時間)×200円/時間[固定費率]＝－20,000円（不利）

次のように計算してもよい。

(3,100時間×350円/時間)－1,105,000円[3,100時間の予算額]＝－20,000円

能率差異：

(3,090時間－3,100時間)×350円/時間＝－3,500円（不利）

練習問題15－2 当社は，標準原価計算制度を採用している。次の資料にもとづき，パーシャル・プランによる仕掛品勘定および製品勘定の記入を行い，標準原価差異の差異分析を行いなさい。

〔資料〕

1．製品Zの標準原価カード

	製品Z　標準原価カード		
	標準消費量	標準価格	金額
直接材料費	5kg	200円/kg	1,000円
	標準直接作業時間	標準賃率	
直接労務費	4時間	250円/時間	1,000円
	標準配賦基準	標準配賦率	
製造間接費	4時間	300円/時間	1,200円
	製品1単位当たりの標準原価		3,200円

2．製造間接費予算（年間）は，次のとおりである。

製造間接費予算額　18,720,000円

（変動費率120円/時間，固定費予算額11,232,000円）

基準操業度　62,400時間（年間）

（注）製造間接費は直接作業時間を基準として標準配賦している。なお，製造間接費の差異分析は，公式法変動予算を用いて四分法によって行っている。

3．当月の生産データ及び販売データは，次のとおりである。

月初仕掛品	200個(40%)	月初製品	100個	
当月投入	1,300	当月完成	1,200	
計	1,500個	計	1,300個	
月末仕掛品	300　(50%)	月末製品	400	
完成品	1,200個	当月販売	900個	

なお，材料はすべて工程の始点で投入している。また，（　）内の数値は加工進捗度を示す。
4．当月の実際発生額は次のとおりです。
　(1)　直接材料費実際発生額　　1,375,500円（210円/kg ×6,550kg）
　(2)　直接労務費実際発生額　　1,285,200円（252円/ 時間×5,100時間）
　(3)　製造間接費実際発生額　　1,540,000円
5．原価差異については当月の売上原価に加減算するものとする。

仕　掛　品

前 月 繰 越（　　　）	製　　　　品（　　　）
材　　　料（　　　）	次 月 繰 越（　　　）
賃　　　金（　　　）	直接材料費差異（　　　）
製 造 間 接 費（　　　）	直接労務費差異（　　　）
	製造間接費差異（　　　）
（　　　）	（　　　）

製　　品

前 月 繰 越（　　　）	売 上 原 価（　　　）
仕 掛 品（　　　）	次 月 繰 越（　　　）

直接材料費差異
　価　格　差　異　＿＿＿＿円（借方，貸方）
　数　量　差　異　＿＿＿＿円（借方，貸方）
直接労務費差異
　賃　率　差　異　＿＿＿＿円（借方，貸方）
　時　間　差　異　＿＿＿＿円（借方，貸方）
製造間接費差異
　予　算　差　異　＿＿＿＿円（借方，貸方）
　操 業 度 差 異　＿＿＿＿円（借方，貸方）
　変動費能率差異　＿＿＿＿円（借方，貸方）
　固定費能率差異　＿＿＿＿円（借方，貸方）

（注）　借方，貸方のうち不要なものを二重線で取り消すこと。

解 答

仕 掛 品

前 月 繰 越 (376,000)	製　　　　品	(3,840,000)
材　　　料 (1,375,500)	次 月 繰 越	(630,000)
賃　　　金 (1,285,200)	直接材料費差異	(75,500)
製 造 間 接 費 (1,540,000)	直接労務費差異	(15,200)
	製造間接費差異	(16,000)
(4,576,700)		(4,576,700)

製 品

前 月 繰 越 (320,000)	売 上 原 価 (2,880,000)
仕　掛　品 (3,840,000)	次 月 繰 越 (1,280,000)

直接材料費差異
　価 格 差 異　　65,500円（借方，貸方）
　数 量 差 異　　10,000円（借方，貸方）
直接労務費差異
　賃 率 差 異　　10,200円（借方，貸方）
　時 間 差 異　　 5,000円（借方，貸方）
製造間接費差異
　予 算 差 異　　 8,000円（借方，貸方）
　操 業 度 差 異　18,000円（借方，貸方）
　変動費能率差異　 2,400円（借方，貸方）
　固定費能率差異　 3,600円（借方，貸方）

解 説

　仕掛品勘定に記入される内容を原価要素別に把握するために，この勘定を，仕掛品－直接材料費，仕掛品－直接労務費，仕掛品－製造間接費とに分解して計算確認しましょう。

XV 標準原価計算(その2)

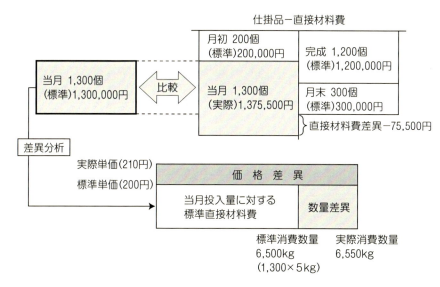

直接材料費差異(総差異):
　　(6,500kg ×200円/kg) − (6,550kg ×210円/kg) = −75,500円(不利)
　価格差異:(200円/kg − 210円/kg)×6,550kg = −65,500円(不利)
　数量差異:(6,500kg − 6,550kg)×200円/kg = −10,000円(不利)

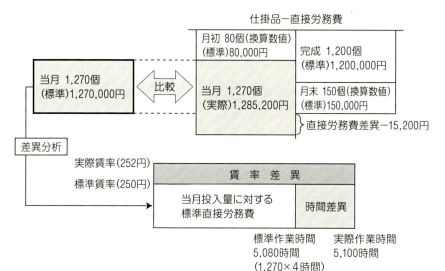

直接労務費差異（総差異）：
　（5,080kg ×250円/kg）－（5,100kg ×252円/kg）＝－15,200円（不利）
　賃率差異：（250円/時間－252円/時間）×5,100時間＝－10,200円（不利）
　時間差異：（5,080時間－5,100時間）×250円/時間＝－5,000円（不利）

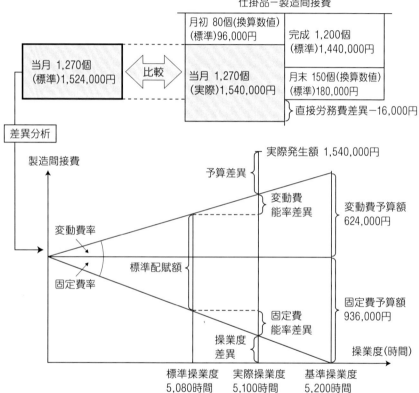

基準操業度（月間）：62,400時間÷12ヵ月＝5,200時間
固定費予算額（月間）：11,232,000円÷12ヵ月＝936,000円
固定費率：936,000円÷5,200時間＝180円/時間
標準操業度（標準作業時間）：1,270個× 4 時間＝5,080時間
製造間接費差異（総差異）：
　（5,080時間×300円/時間）－1,540,000円＝－16,000円（不利）

予算差異：

　（5,100時間×120円/時間＋936,000円）－1,540,000円＝8,000円（有利）
　　　実際操業度に対応する予算額 1,548000円

操業度差異：

　（5,100時間－5,200時間）×180円/時間［固定費率］＝－18,000円（不利）

　または，（5,100時間×300円/時間）－1,548,000円［5,100時間の予算額］＝－18,000円

変動費能率差異：

　（5,080時間－5,100時間）×120円/時間＝－2,400円（不利）

固定費能率差異：

　（5,080時間－5,100時間）×180円/時間＝－3,600円（不利）

直接原価計算

1 直接原価計算とは

　直接原価計算は，原価を変動費と固定費に分解し，変動製造費のみで製品原価を計算し，固定製造費用は発生した当該期間原価として一括費用計上する損益計算手続きのことをいいます。

　直接原価計算においては，仕掛品や製品の棚卸資産の評価は変動費のみでなされ，売上原価は変動費（＝変動売上原価）となります。売上高から変動売上原価を控除したものを**変動製造マージン**といい，さらに変動販売費を差し引いたものを貢献利益といいます。固定費は期間費用として**貢献利益**より控除され，営業利益が算定されます。

　全部原価計算のもとで作成される損益計算書の営業利益は，売上高と比例しないため経営管理には役立ちにくいですが，直接原価計算では比例関係があるため短期利益管理に役立ちます。

例題16－1　以下の文章は，直接原価計算についての説明文である。（　①　）から（　⑦　）に適切な語句を入れなさい。

　短期利益計画を立てる場合には，製造量と販売量を同じと想定して，原価を，営業量に比例して増加する（　①　）費と，営業量と関係なく一定の（　②　）費とに分解し区別して考察することが重要である。（　③　）原価計算はこの区別を行わずに製品原価を算定する方法であるが，（　④　）原価計算はこの区別を明確に行う方法である。（　⑤　）原価計算では，（　⑥　）費のみで製造原価を計算するので，（　⑦　）費は製造原価に含めない。

解　答

① 変動　② 固定　③ 全部　④ 直接　⑤ 直接　⑥ 変動　⑦ 固定

2　直接原価計算と全部原価計算による損益計算書の違い

　以下に，①全部原価計算方式による損益計算書と，②直接原価計算方式による損益計算書を示します（営業利益まで）。直接原価計算方式によって算定される営業利益は，売上高の高低と相関関係がありますので，短期利益計画に用いることが可能です。

① **全部原価計算方式による損益計算書**

（単位：円）

Ⅰ	売上高	(×××)
Ⅱ	売上原価	(××)
	売上総利益	(××)
Ⅲ	販売費及び一般管理費	(××)
	営業利益	(××)

② **直接原価計算方式による損益計算書**

（単位：円）

Ⅰ	売上高		(×××)
Ⅱ	変動売上原価		(××)
	変動製造マージン		(××)
Ⅲ	変動販売費		(××)
	貢献利益		(××)
Ⅳ	固定費		
	製造固定費	(×)	
	固定販売費及び一般管理費	(×)	(×)
	営業利益		(××)

XVI 直接原価計算

例題16-2 次のデータにもとづいて、各期（Ⅰ・Ⅱ・Ⅲ期）の損益計算書を、(1)全部原価計算方式、(2)直接原価計算方式で作成しなさい。なお、各期の期首と期末の仕掛品はないこととする。また、棚卸資産の原価配分方法は、先入先出法を採用している。

＜生産・販売に関するデータ（単位：個）＞

	Ⅰ期	Ⅱ期	Ⅲ期
期首製品数量	0	0	200
当期完成品数量	1,000	1,000	1,000
当期販売数量	1,000	800	1,200
期末製品数量	0	200	0

＜販売単価・原価に関するデータ＞

販売単価	＠¥1,000
変動製造原価	¥300,000
固定製造原価	¥200,000
変動販売費	＠¥100
固定販売費および一般管理費	¥100,000

(1) **全部原価計算方式による損益計算書**

（単位：円）

		Ⅰ期	Ⅱ期	Ⅲ期
Ⅰ	売上高	（　　　）	（　　　）	（　　　）
Ⅱ	売上原価	（　　　）	（　　　）	（　　　）
	売上総利益	（　　　）	（　　　）	（　　　）
Ⅲ	販売費および一般管理費	（　　　）	（　　　）	（　　　）
	営業利益	（　　　）	（　　　）	（　　　）

(2) **直接原価計算方式による損益計算書**

(単位：円)

		Ⅰ期	Ⅱ期	Ⅲ期
Ⅰ	売上高	( )	( )	( )
Ⅱ	変動売上原価	( )	( )	( )
	変動製造マージン	( )	( )	( )
Ⅲ	変動販売費	( )	( )	( )
	貢献利益	( )	( )	( )
Ⅳ	固定費	( )	( )	( )
	営業利益	( )	( )	( )

解　答

(1) **全部原価計算方式による損益計算書**

(単位：円)

		Ⅰ期	Ⅱ期	Ⅲ期
Ⅰ	売上高	(1,000,000)①	(800,000)②	(1,200,000)③
Ⅱ	売上原価	(500,000)④	(400,000)⑤	(600,000)⑥
	売上総利益	(500,000)	(400,000)	(600,000)
Ⅲ	販売費及び一般管理費	(200,000)⑦	(180,000)⑧	(220,000)⑨
	営業利益	(300,000)	(220,000)	(380,000)

(2) **直接原価計算方式による損益計算書**

(単位：円)

		Ⅰ期	Ⅱ期	Ⅲ期
Ⅰ	売上高	(1,000,000)①	(800,000)②	(1,200,000)③
Ⅱ	変動売上原価	(300,000)⑩	(240,000)⑪	(360,000)⑫
	変動製造マージン	(700,000)	(560,000)	(840,000)
Ⅲ	変動販売費	(100,000)⑬	(80,000)⑭	(120,000)⑮
	貢献利益	(600,000)	(480,000)	(720,000)
Ⅳ	固定費	(300,000)⑯	(300,000)⑯	(300,000)⑯
	営業利益	(300,000)	(180,000)	(420,000)

XVI 直接原価計算

解説

① @1,000×1,000=1,000,000
② @1,000×800=800,000
③ @1,000×1,200=1,200,000
④ Ⅰ期売上原価＝Ⅰ期完成品原価（期首・期末製品なし）
300,000+200,000=500,000
⑤ Ⅱ期売上原価＝(300,000+200,000)÷1,000×800=400,000（期首製品なし）
⑥ Ⅱ期期末製品原価＝500,000−400,000=100,000（＝Ⅲ期期首製品原価）
Ⅲ期売上原価＝Ⅲ期期首製品原価＋Ⅲ期完成品原価＝100,000+500,000
＝600,000（期末製品なし）
⑦ @100×1,000+100,000=200,000
⑧ @100×800+100,000=180,000
⑨ @100×1,200+100,000=220,000
⑩ Ⅰ期変動売上原価＝Ⅰ期完成品原価＝300,000（期首・期末製品なし）
⑪ 300,000×800÷1,000=240,000
⑫ 300,000×200÷1,000+300,000=360,000
⑬ @100×1,000=100,000
⑭ @100×800=80,000
⑮ @100×1,200=120,000
⑯ Ⅰ・Ⅱ・Ⅲ期とも，200,000+100,000=300,000

3 固定費調整

　外部報告目的のためには，全部原価計算による原価計算制度を採用しなければなりません。よって，財務諸表作成目的においては，直接原価計算によって算定された営業利益を，全部原価計算によって算定される営業利益に修正しなければなりません。これを固定費調整といいます。
　直接原価計算によって算定された営業利益と，全部原価計算によって算定される営業利益には，以下の関係が成立します。
　　直接原価計算による営業利益＋期末在庫に含まれる固定製造原価
　　　−期首在庫に含まれる固定製造原価
　　＝全部原価計算による営業利益

例題16-3 次のデータにもとづいて、直接原価計算によって、各期（Ⅰ・Ⅱ・Ⅲ期）の営業利益を算定しなさい。また、直接原価計算によって算定された利益を固定費調整のうえ、全部原価計算の営業利益を計算しなさい。なお、各期の期首と期末の仕掛品はないこととする。また、棚卸資産の原価配分方法は、先入先出法を採用している。

＜生産・販売に関するデータ（単位：個）＞

	Ⅰ期	Ⅱ期	Ⅲ期
期首製品数量	0	0	100
当期完成品数量	1,000	1,100	1,200
当期販売数量	1,000	1,000	1,000
期末製品数量	0	100	300

＜販売単価・原価に関するデータ＞

販売単価	＠¥5,000
変動製造原価	＠¥2,700
固定製造原価	¥1,320,000
固定販売費及び一般管理費	¥680,000

解　答

① 直接原価計算方式による営業利益
　　Ⅰ期　¥300,000,　Ⅱ期　¥300,000,　Ⅲ期　¥300,000
② 全部原価計算方式による営業利益
　　Ⅰ期　¥300,000,　Ⅱ期　¥420,000,　Ⅲ期　¥510,000

解　説

① 直接原価計算方式による営業利益の算定
　売上高　＠5,000×1,000＝5,000,000
　売上原価　＠2,700×1,000＋1,320,000＋680,000
　　　　　　　　　　＝2,700,000＋1,320,000＋680,000＝4,700,000
　営業利益　5,000,000－4,700,000＝¥300,000
　　Ⅰ期、Ⅱ期、Ⅲ期とも、当期販売数量は同じなので、営業利益は、¥300,000です。

② 全部原価計算方式による営業利益の算定

Ⅰ期の営業利益：¥300,000

期首製品・期末製品がないので，固定費調整は不要であり，直接原価計算方式と同じです。

Ⅱ期の営業利益：¥420,000

　Ⅱ期末製品に含まれる固定製造原価　$1,320,000 \div 1,100 \times 100 = 120,000$

　Ⅱ期首製品に含まれる固定製造原価　¥0

　$300,000 + 120,000 - 0 = ¥420,000$

Ⅲ期の営業利益：¥510,000

　Ⅲ期末製品に含まれる固定製造原価　$1,320,000 \div 1,200 \times 300 = 330,000$

　Ⅲ期首製品に含まれる固定製造原価　¥120,000（＝Ⅱ期末製品に含まれる固定製造原価）

　$300,000 + 330,000 - 120,000 = ¥510,000$

　各期の販売量は，同じ1,000個であるのに，全部原価計算では，Ⅲ期→Ⅱ期→Ⅰ期の順に営業利益が高くなります。これは，期首製品と期末製品に固定製造原価が含まれているため，当該期間の費用がその分低く計上されるからです。他方，直接原価計算では，Ⅰ期，Ⅱ期，Ⅲ期の営業利益が同一に算定されています。販売量が同じであり，売上高は同じであるので，利益も同じである方が合理的です。利益計画を策定する上では，営業利益に相関性のある直接原価計算方式にもとづく損益計算が望ましいといえます。

4　原価分析と原価予測

　直接原価計算を実施するためには，原価を変動費と固定費に分解しなければなりません。一般に，原価は**コスト・ビヘイビア**（原価態様）にもとづいて，変動費，固定費に分解されます。これを固変分解といいます。固変分解の方法には，①勘定科目法（費目別精査法），②スキャッター・チャート法，③最小2乗法，④高低点法などがあります。①勘定科目法は，個別の費用項目ごとに変動費か固定費かを判別していく方法です。②スキャッター・チャート法は，すべての原価情報を利用しますが，目測により原価分析を行うものです。③最小2乗法もすべての原価情報を利用しますが，数学的方法により原価分析を行います。④高低点法は，原価情報のうち，2点のみの情報を利用して原価分析

を行う方法です。

> **例題16-4**　原価分析と原価予測について，以下の設問に答えなさい。

設問1　当社工場の最近6ヵ月（1月期～6月期）の月間生産高は，最高月は120個で総原価¥3,000,000であり，最低月は70個で総原価¥2,600,000であった。高低点法により，製造原価を変動費と固定費に分析し，生産量と製造原価の関係を，一次関数（Y＝aX＋b）で表しなさい。なお，当社工場の正常操業圏は，65個から125個である。

設問2　7月期の予想生産量は115個である。7月期に発生する総原価を予想しなさい。

◆**解　答**

設問1　Y＝8,000X＋2,040,000
設問2　¥2,960,000

◆**解　説**

設問1
　2,600,000＝70a＋b
　3,000,000＝120a＋b　より，
　(a, b)＝(8,000, 2,040,000)
　よって，Y＝8,000X＋2,040,000と表すことができます。（①式とする）

設問2
　X＝115を①式に代入すると，Y＝8,000×115＋2,040,000＝¥2,960,000

5　CVP分析

　原価（cost）・営業量（volume）・利益（profit）の関係を一次関数で把握することによって，短期利益計画に役立てることができます。目標利益を達成するためには，どれだけの営業量（製造販売量）を達成する必要があるのか，具体的な営業活動の目標値を提示することを可能にします。これを，**CVP分析**（cost-volume-profit analysis）といいます。

総収益と総費用が一致し，利益も損失も発生しない点を，特に，損益分岐点といいます。損益分岐点営業量より多い営業量のときは利益を発生しますが，より多くなればなるほど利益は大きくなり，安全で余裕のある経営を行うことができます。逆に，損益分岐点営業量を少しでも達成できない場合には損失を発生させてしまうので，損益分岐点は営業上，重要な指針となります。

例題16－5 CVP分析についての以下の設問1から設問4に答えなさい。

設問1
　S：売上高
　V：変動費
　v：変動費率（製品1単位当たり変動費）
　F：固定費
　π：目標利益
　p：販売単価（製品1単位当たり販売価格）
とするとき，目標利益（π）を達成する営業量，すなわち，製造販売数量（X）を数式で表しなさい。

設問2
　設問1のp，v，Fにつき，
　p＝¥2,000
　v＝¥1,200
　F＝¥16,000,000
とするとき，損益分岐点営業量（X0），および，損益分岐点売上高（S0）を算定しなさい。

設問3
　貢献利益率を，設問1に示したpとvで表しなさい。

設問4
　A社の今年度のS，V，Fが下記の通りであるとき，貢献利益率を算定しなさい。
　　S＝¥80,000,000
　　V＝¥60,000,000
　　F＝¥16,000,000

> 解 答

設問1　$X = (F + \pi) / (p - v)$
設問2　￥40,000,000
設問3　$1 - v / p$
設問4　25%

> 解 説

設問1

S：売上高，V：変動費，v：変動費率，F：固定費，p：販売単価，π：目標利益とするとき，直接原価計算にもとづく損益計算は，

$(S - V) - F = \pi$

となる。この式に，
$S = p \times X$，および，$V = v \times X$ を代入すると，
$(pX - vX) - F = \pi$
$(pX - vX) = F + \pi$
$(p - v)X = F + \pi$，　$p - v > 0$ なので，
∴ $X = (F + \pi) / (p - v)$

設問2

損益分岐点においては，$\pi = 0$ です。
損益分岐点営業量をX0とします。
設問1の式，$X = (F + \pi) / (p - v)$ に，$\pi = 0$，$X = X0$を代入すると，
$X0 = F / (p - v)$
となります。これに，$p = ￥2,000$，$v = ￥1,200$，$F = ￥16,000,000$を入れると，
$X0 = 16,000,000 \div (2,000 - 1,200) = 20,000$（個）
損益分岐点売上高 $(S0) = p \times X0 = 2,000 \times 20,000 = ￥40,000,000$

設問3

貢献利益は，売上高（S）から変動費（V）を控除したものです。すなわち
貢献利益 $= S - V$
この両辺を売上高（S）で除すと
貢献利益／売上高 $= S / S - V / S$
∴ 貢献利益率 $= 1 - V / S = 1 - (vX / pX) = 1 - v / p$

設問4

貢献利益率 $= 1 - V / S$ に，$S = ￥80,000,000$，$V = ￥60,000,000$を代入すると，

$1-(60,000,000 \div 80,000,000) = 1-0.75 = 0.25$

よって，貢献利益率は，25％となります。

練習問題16－1 横浜製作所はＸ製品を製造・販売しており，現在，下記の「次年度の財務データ」にもとづき，次期の利益計画について策定しているところである。製品単位当たりの変動費および会計期間当たりの固定費は同一であるとして，以下の設問１～５に答えなさい。

なお，会計期間の期首および期末における仕掛品と製品の在庫はないものとする。

＜次年度の財務データ＞

生産量	5,000個
販売量	5,000個
販売価格	＠￥10,000
変動製造原価	＠￥5,000
変動販売費	＠￥1,000
固定製造原価	￥11,200,000
固定販売費および一般管理費	￥2,400,000

設問１　直接原価計算方式による損益計算書を作成しなさい。（営業利益まで）

直接原価計算方式による損益計算書　　（単位：円）

売上高	(　　　　)
変動売上原価	(　　　　)
変動製造マージン	(　　　　)
変動販売費	(　　　　)
貢献利益	(　　　　)
製造固定費	(　　　　)
固定販売費および一般管理費	(　　　　)
営業利益	(　　　　)

設問２　損益分岐点販売量（個数）を算定しなさい。
設問３　安全余裕率を算定しなさい。
設問４　目標利益　￥3,200,000を達成する販売数量を算定しなさい。
設問５　競争業者の出現に対応するため，販売価格の20％値下げを検討せざるをえ

なくなった。設問1の損益計算書の営業利益と同額の営業利益を達成する販売数量を算定しなさい。さらに，値下げ前と比較して，経営活動にどのような影響が生じるのか述べなさい。

解答・解説

設問1

　　　　　直接原価計算方式による損益計算書　（単位：円）
　　　　　売上高　　　　　　　　　　　　　（ 50,000,000）
　　　　　変動売上原価　　　　　　　　　　（ 25,000,000）
　　　　　　変動製造マージン　　　　　　　（ 25,000,000）
　　　　　変動販売費　　　　　　　　　　　（ 5,000,000）
　　　　　　貢献利益　　　　　　　　　　　（ 20,000,000）
　　　　　製造固定費　　　　　　　　　　　（ 11,200,000）
　　　　　固定販売費及び一般管理費　　　　（ 2,400,000）
　　　　　　営業利益　　　　　　　　　　　（ 6,400,000）

設問2

$F / (p - v) = 13,600,000 \div (10,000 - 6,000) = \underline{3,400}$（個）

設問3

安全余裕率 $= 1 -$ （損益分岐点売上高 $\div$ 予想売上高）
　　　　　$= 1 - (34,000,000 \div 50,000,000) = 1 - 0.68 = \underline{0.32 (32\%)}$

設問4

$(F + \pi) / (p - v) = (13,600,000 + 3,200,000) \div (10,000 - 6,000)$
　　　　　　　　　　　　　　　　$= 16,800,000 \div 4,000 = \underline{4,200}$（個）

設問5

$10,000 \times (1 - 20\%) = 8,000$
$(F + \pi) / (p - v) = (13,600,000 + 6,400,000) \div (8,000 - 6,000)$
　　　　　　　　　　　　　　　　$= 20,000,000 \div 2,000 = \underline{10,000}$（個）

20％販売価格を下げると，下げる前の2倍の販売量を達成しなければ，値下げ前と同じ営業利益は達成できない，ということがわかった。

営業費会計

1 営業費会計の意義

(1) 損益計算書の費目との関連

営業費会計は，損益計算書の販売費および一般管理費として表示されている費目を機能別に分析し，研究開発費会計や物流費会計などによって経営意思決定に役立てる管理会計の考えの一つです。営業費会計と呼ばれるのは，かつてアメリカでは，販売費および一般管理費が「**営業費**」と呼ばれていたためです。

わが国の実際の損益計算書では，どのような勘定科目が「販売費及び一般管理費」の中で示されているかを見ると，あるメーカーでは，運賃諸掛，広告宣伝費，製品保証引当金繰入額，給料および手当，退職給付費，減価償却費，無償修理費などがあります。製造業の場合は，製造原価に関係する費目は，売上原価の部で表示されています。工業簿記や原価計算でなじみが深い，材料費，労務費および経費の計算は売上原価として売上高に対応されて売上総利益を計算するために使われます。売上原価以外であっても営業に関連して消費・発生した金額は，販売費および一般管理費の中で表示されています。

同上企業の例で示されていた広告宣伝費は，広告宣伝のために直接に支出した金額を集計したものですが，間接的に支出・発生した費用は含まれていないので，管理会計目的で使うことはできません。

(2) 形態別から機能別としての再集計

損益計算書は形態別分類という基準でできているので，管理会計の立場から広告宣伝という経営の機能のために何円の金額が投入したのかを知ろうとすると，あちこちの費目に散らばっている金額を再集計する必要が出ます。たとえ

ば，広告宣伝のための支出のほかに広告やマーケティングのために働いている社員の給料を加えねばなりません。これらの人々が働くオフィスの賃貸料（自社ビルであれば使用面積割での減価償却費と固定資産税と保険料），そのオフィスで使用した電気料金と電話料金，ネット回線料金，このオフィスに配置してあるオフィス家具やパソコンやコピー機などの事務機の減価償却費も加えねばなりません。

給料は「給料および手当」に含まれています。建物や事務機などの減価償却費は，一括して「減価償却費」の中に含まれています。この企業の例では，ネット回線料金はありませんが，あったとしても全社の合計額にすぎません。このように決算会計では全社の合計額だけが情報となっているので，営業費会計では，それぞれの合計額の中で広告宣伝のために何円が関係したかを抜き出して再集計します。同様に，物流であればそのため費用は何円であるか，研究開発であればそのための費用は何円であるかを再集計します。

近年，**研究開発費**に関する調査と称して損益計算書に記載されている研究開発費（試験研究費という場合もある）の集計結果を統計分析するものがよく見られますが，その解析結果は，以上の理由から正確性に疑問があるといえましょう。

(3) 管理会計の1分野としての営業費会計

営業費会計は，現金を何円支出したか，何円分が発生したかについての金額表示が決まる形態別会計ではなく，どの経営機能のために何円が使われたかを会社全体で横断的に再集計します。そこで，営業費会計は，経営領域別会計ということもできます。その種類として，広告宣伝費，物流費，教育研修費，研究開発費，マーケティング・コストがあります。これらはすべてが管理会計領域であり，経営管理者の管理機能に大きな役割を果たしています。この場合，金融商品取引法，財務諸表規則，原価計算基準などに従うことは求められません。営業費会計は，社内で意思決定と業績評価という管理会計機能のために使うので，公認会計士による監査は必要とされていません。

2　営業費会計の計算体系―研究開発費の場合―

(1)　研究開発費会計の原価計算

　販売費および一般管理費の区分で示されている費目を管理会計の立場から分析して管理する場合に営業費会計が役にたちますので，物流費会計と共に最も研究が進んでいる分野の一つである研究開発費会計を取り上げましょう。

　研究開発費会計は，基礎研究，応用研究および開発研究と3区分されている研究開発を対象とします。研究開発は公式には『科学技術研究調査報告』で次のように定義されています（総務省統計局『科学技術研究調査報告』日本統計協会，平成22年版，p.248）。

①　**基礎研究**

　特別な応用，用途を直接に考慮することなく，仮説や理論を形成するためまたは現象や観察可能な事実に関して新しい知識を得るために行われる理論的または実験的研究をいいます。

②　**応用研究**

　基礎研究によって発見された知識を利用して特定の目標を定めて実用化の可能性を確かめる研究や，すでに実用化されている方法に関して新たな応用方法を探索する研究をいいます。

③　**開発研究**

　基礎研究，応用研究および実際の経験から得た知識の利用であり，新しい材料，装置，製品，システム，工程等の導入または既存のこれらのものの改良をねらいとする研究をいいます。

(2)　研究所の研究開発原価計算

　研究開発費会計における原価計算は，**研究開発原価計算**と称されています。これは，(ア)工場における研究開発原価計算と(イ)研究所における研究開発原価計算とに分類されるといわれています。ここでは後者の原価計算を取り上げます。研究開発原価計算は他の管理会計のコスト分析と同様に，費目別計算，部門別計算およびプロジェクト別計算の順に計算されます。

① 費目別の研究開発原価計算
ア．研究開発材料費
　研究開発用の資材を使ったことによる原価であり，素材費，買入部品費，消耗品費など。
イ．研究開発労務費
　研究開発担当者の労働用役の消費による原価であり，賃金，給料，従業員賞与手当など。
ウ．研究開発経費
　材料と労務費以外の研究開発費であり，減価償却費，賃借料，旅費交通費など。
② 部門別の研究開発原価計算
費目別の研究開発原価計算の段階で得たデータの補助部門費を補助経営部門費と管理部門費に分類してこれらを実施部門別に配賦します。
③ プロジェクト別の研究開発原価計算
プロジェクトの研究に直接係る費目を直接プロジェクト費として各プロジェクトの研究開発原価とします。間接プロジェクト費は，部門別の研究開発原価計算からもたらされる補助部門費を人件費，管理可能費および管理不能費の別にプロジェクト別に配賦します。

(3) 研究開発費の費用効果分析
　投下された巨額の研究開発費がどのような効果をもたらし企業の発展に貢献したかはプロジェクトの実行後に分析して次のプロジェクトの計画に役立てる必要があります。
　研究開発費の**費用効果分析**は，キャッシュ・フローを割引く方法と非割引で行う方法があります。割引を行って割引キャッシュ・フロー法で行う方法には，正味現在価値法，内部利益率法，割引利益指数法，割引回収期間法および上記4法の集大成としての確率割引利益指数法があります。以上の5方法の中で最も基礎的技法である正味現在価値法と集大成である確率割引利益指数法を設例により演習してみましょう。

〔設例①〕 正味現在価値法

正味現在価値の計算は次の式によるものとします。

$$\text{正味現在価値} = \sum \frac{C}{(1+K)^t} - I + \frac{S}{(1+K)^T}$$

ただし，C：キャッシュ・フロー

I：投資額（キャッシュ・アウトフロー）

S：残存価額

t：プロジェクト期

T：プロジェクト最終期

K：割引率（または資本コスト）

〔資料〕 0年度の研究開発費投資の支出額は10,000円である。この研究開発により市場投入した新製品は，毎年，3,000円のキャッシュ・フローを得る（キャッシュ・フローとは営業利益から減価償却費と貸倒引当金の繰入額を引いた残額とする）。割引率は3％である。このプロジェクト（新製品の販売期間）の耐用年数は5年，残存価額は1,000円とします。

このプロジェクトの正味現在価値は次のように求めます。

〔計算〕

$$\text{正味現在価値} = \sum \frac{C}{(1+K)^t} - I + \frac{S}{(1+K)^T}$$

$$= \frac{3,000}{(1+3\%)^1} + \frac{3,000}{(1+3\%)^2} + \frac{3,000}{(1+3\%)^3} +$$

$$\frac{3,000}{(1+3\%)^4} + \frac{3,000}{(1+3\%)^5} - 10,000 + \frac{1,000}{(1+3\%)^5}$$

$$= 2,913 + 2,828 + 2,746 + 2,666 + 2,588 - 10,000 + 863 = 4,604$$

〔結論〕 正味現在価値が正（プラス）でプロジェクト実施は可とされます。

〔設例②〕確率割引利益指数法

確率割引利益指数の計算は次の式によるものとします。

$$R = \frac{\sum_{t=1}^{T} \frac{P_t \cdot A \cdot S_t}{(1+K)^t}}{\sum_{t=0}^{T} \frac{I_t}{(1+K)^t}}$$

ただし，R：研究開発費利益指数
　　　　S_t：t年中にプロジェクトから得られる成果（売上増または工程原価節約額など）
　　　　A：売上高対経常利益率
　　　　P_t：t年中に得られる利益の発生確率
　　　　I_t：t年中の研究開発費の金額
　　　　t：利益と費用が発生する年度
　　　　T：利益と費用が発生する最終年度
　　　　K：割引率（または資本コスト）

〔資料〕S_1～S_5は，100,000, 100,000, 150,000, 150,000, 200,000である。Aは10％である。P_tは50％である。I_0～I_5は，6,000, 0, 0, 0, 0, 0である。tは0～5である。Tは5である。Kは10％である。

このプロジェクトの確率割引利益指数は次のように計算します。

ア．分母部

$$\frac{6,000}{(1+10\%)^0} = 6,000$$

イ．分子部

$$\frac{100,000 \times 10\% \times 50\%}{(1+10\%)^1} + \frac{100,000 \times 10\% \times 50\%}{(1+10\%)^2} + \frac{150,000 \times 10\% \times 50\%}{(1+10\%)^3}$$
$$+ \frac{150,000 \times 10\% \times 50\%}{(1+10\%)^4} + \frac{200,000 \times 10\% \times 50\%}{(1+10\%)^5}$$

$= 4,545 + 4,132 + 5,635 + 5,123 + 6,209 = 25,644$

ウ．R ＝分子÷分母＝25,644÷6,000＝4.27

〔結論〕確率割引利益指数が2.00を超えたのでプロジェクトは可とされます。

練習問題17-1

問題1 次の資料によって提案された研究開発プロジェクトを採択可とするか否かについて正味現在価値法によって計算しなさい。

〔資料〕 0年度の研究開発費投資の支出額は400,000円です。この研究開発による新製品の毎年のキャッシュ・フローは100,000円です。割引率は7％です。このプロジェクトの耐用年数は5年，残存価額は40,000円です。

問題2 次の資料によって提案された研究開発プロジェクトを採択可とするか否かについて確率割引利益指数法によって計算しなさい（記号の意味は上の例題と同じです）。

〔資料〕 S_1〜S_5は，200,000，300,000，350,000，450,000，300,000です。Aは5％です。P_tは75％です。I_0〜I_5は，22,000，0，0，0，0，0です。tは0〜5です。Tは5です。Kは8％です。

解 答

問題1 正味現在価値は38,540（プラス値）であり，プロジェクト採択は可です。
問題2 確率割引利益指数は2.14（2.00超え）であり，プロジェクト採択は可です。

3 営業費会計の計算体系―物流費の場合―

(1) 物流費の意義と体系

製造業では，材料の仕入や製品の販売に物流活動を必要とし，その結果として物流費が発生します。**物流費**は支払運賃や支払保管料として損益計算書上の販売費および一般管理費にその一部が計上されるか，販売費および一般管理費における給料手当や減価償却費などの一部として計上されます。しかし，このような計上方法では総額が不明なため，管理ができません。管理会計目的からは，物流に経営資源を消費すれば，これらを物流費として算定する必要があります。

まず，物流とは，輸送，保管，包装，荷役などの各機能を包括した概念です。物流では輸送が主要な役割を果たしますが，物流費は輸送費の同義語ではあり

ません。輸送費に加えて，輸送を補完するその他の機能に要する原価を合計したものが物流費です。物流は仕入や販売にともなって実施されるため，これらと関連付けて物流費を算定することがあります。たとえば，輸送費は調達輸送費や販売輸送費として算定します。

物流は**ロジスティクス**とも呼ばれています。物流費の管理では，物流機能間の関連性を明らかにして，物流費の削減を試みます。たとえば，輸送費と保管費がトレードオフの関係にあれば，2つの合計が最少となる物流方法を実施します。他方，ロジスティクスでは，物流と生産や販売との関連性を重視して総原価の削減を試みます。たとえば，物流費が増加しても，それ以上に在庫金額の削減が期待できれば，多頻度輸送に着手します。さらに，物流はサプライチェーン（供給連鎖）の一部として実施します。**サプライチェーン**とは，原材料の調達から製品の製造および最終消費者への販売に至るまでのプロセスであり，企業間連携により物流費を含むプロセスの原価を削減します。

物流活動は実施主体の観点から自家物流と委託物流に区分します。前者は自社の物流部門により自社製品の物流を行い，後者は荷主企業として自社製品の物流を物流事業者に委託します。どちらを選択するのかは費用対効果の観点から決定するため，それぞれに必要な物流費を明らかにします。なお，荷主企業と物流事業者はそれぞれの立場から物流費を管理しますが，一般に物流費管理といえば前者の立場から実施するものを指します。

図表17－1　荷主企業における物流費の体系

荷主企業の物流費は自社払物流費と他社払物流費に区分され，自社払物流費は自家物流費と委託物流費に区分されます。自家物流費が発生しても，損益計算書上では金額が不明なため，物流原価計算を実施します。他方，委託物流費は請求書の記載金額などから発生額が明らかなため，物流機能別に請求書を集計すれば物流費が判明します。

他社払物流費は，一時的には他社が支払っても最終的には自社が負担する物流費です。たとえば，原材料の供給業者は原材料価格に物流費を加算した金額を製造業者に請求しますが，製造業者には物流費の金額は不明であり，推定する以外に方法がありません。さらに，製造業者は原材料の受け入れ方法を改善しても，物流費削減の効果を享受できません。製造業者が供給業者から原材料を集荷する引取輸送を導入すれば，原材料価格と物流費が分離され，物流費の管理可能性が高まります。しかしながら，引取輸送が必ずしも有利とは限りませんので，導入の可否については物流費を明らかにしてから判断を行います。

(2) 物流原価計算の方法

物流原価計算では，費目別，機能別およびセグメント（製品，顧客または地域）別に物流費を算定します。製造原価計算では，製品を最終的な原価計算対象として製品1単位当たりの原価を算定しますが，物流原価計算では，対象とするセグメントに応じて原価計算対象が異なります。たとえば，輸送費の計算では1回当たりの輸送量や輸送回数に応じて製品単位当たり輸送費が大きく変動するため，製品ではなくトラック1台当たりの積荷などを原価計算対象とすることが考えられます。

これまで日本では物流費の上昇が社会問題になると関係省庁から物流費算定のガイドラインが公表され，**物流原価計算**の導入が推奨されてきました。代表的なものとしては，1970年代に発生したオイルショックに対処するために公表された運輸省（現在の国土交通省）『物流コスト算定統一基準』（1975）や多頻度輸送の定着による物流費上昇分を明らかにするために公表された通産省（現在の経済産業省）『物流コスト算定・活用マニュアル』（1992）があります。これらにもとづいて物流原価計算の概要を解説すれば以下の通りです。

まず，費目別計算においては，製造原価計算と同様に，材料費，労務費および経費という形態別に物流費を集計します。物流の材料費に相当するものは輸送の燃料費や包装の資材費となります。労務費は物流活動に消費した労働用役ですが，営業活動と物流活動が一体化している場合には，人件費総額を按分して物流費を算定します。また，物流は無形の活動のため製造と比較して，多様な経費が発生します。電力料やガス代などの用役費，修繕費や保険料などの維

持費，減価償却費や社内金利などに区分します。ガイドラインでは総原価削減を促すため，社内金利の算定を求めています。ここに社内金利とは，資産保有にともなう金利負担額であり，保有資産額に資本調達の価値犠牲である資本コストを乗じて算定します。

機能別計算においては，費目別計算で集計した物流費を輸送，保管，包装などの機能ごとに集計し，各機能においてどのような費目別物流費が発生したのかを示します。**セグメント別計算**では，機能別物流費を顧客または製品ごとに集計して，セグメント別物流費から物流活動の効率性を明らかにします。なお，セグメントへの物流費の集計は物流活動が定型的な場合には容易ですが，多頻度や不定期な物流が定着すれば，物流費の変動性が高まるため正確な集計が困難となります。

物流環境の変化に対応して考案された原価計算としては物流ABCがあります。物流ABCでは，これまでの機能別原価を活動別原価として計算した上で，セグメント別の物流費を正確に算定します。一般的に物流機能原価を細分化したものが物流活動原価となりますが，活動の数や種類をどのように設定するのかは企業の計算目的によります。

ABCはActivity-Based-Costingの略称で，活動基準原価計算と訳されます。1980年代にアメリカで開発され，日本にも紹介されました。当初，製造を対象に導入され，製造間接費の配賦方法を改善して正確な製品原価を算定する手法として注目されました。製造では少品種大量生産から多品種少量生産へと製造環境の変化により，製造間接費の種類と金額が増加し，機械運転時間や直接作業時間などによる従来の単一基準による製品への配賦では正確な製品原価の算定が困難となりました。

ABCでは，活動が資源（製造間接費）を消費し，製品が活動を消費するとみなして活動を中心に原価計算を行います。つまり，資源の消費量にもとづいて活動原価を算定し，活動の消費量にもとづいて活動原価を製品に割り当てます。しかし，ABCは企業による裁量の余地が大きいため決算目的には使用できません。管理目的で製造にABCを導入する場合には，ABCと伝統的な原価計算が必要となります。この点が製造ABCを普及させない理由の一つです。これに対して，物流原価計算は管理目的でのみ実施するため，伝統的な物流原

価計算から物流 ABC への移行が急速に行われました。物流原価計算といえば，多くの物流関係者が物流 ABC をイメージするほどに普及しています。

物流 ABC の普及では，西澤脩名誉教授による『物流 ABC マニュアル』(1998) や中小企業庁の『物流 ABC 準拠による物流コスト算定・効率化マニュアル』(2003) の公表が大きな役割を果たしました。前者は伝統的な物流原価計算と比較しながら，物流 ABC の有効性を主張し，後者は中小企業への導入を目的として表計算ソフトへの入力による簡易な物流コスト算定法を示しました。

少品種大量生産から多品種少量生産へと製造環境が変化すれば，少頻度大量物流から多頻度少量物流へと物流環境も変化します。たとえ総輸送量が増加しなくても，輸送回数の増加などにより結果として物流費が増加します。従来の物流原価計算では，輸送量などに応じて一括して物流費を配賦していたため，物流方法の相違による物流コストの変化が明らかになりません。物流 ABC では，このような物流費を把握してセグメント別に集計します。多頻度輸送などにより物流費を余分に要するセグメントとそうでないセグメントでは異なる製品価格を設定することが必要です。さらに，物流 ABC では，物流費の実態が明らかになれば，現在実施中の活動が顧客の視点から果たして必要か否かを検証します。たとえ必要な場合でも現在の活動原価が適正なものかを調査し，削減が試みられます。

(3) 物流部門の業績評価

これまで営業費会計の一領域としての物流費会計について，その特徴と原価計算の方法を説明しました。最後に物流部門を対象とする業績評価について説明します。

物流部門の業績評価は独立した物流部門を設定し，同部門の予算と実績を対比して実施します。さらに，物流サービスの利用度に応じて，製造部門や販売部門に部門費を配賦することもあります。この点は，製造原価計算における補助部門費の製造部門への配賦と同様な考え方によるものです。しかし，物流サービスを実際原価で配賦すれば，物流部門の能率が明らかとならないため，物流サービスは標準原価で算定します。つまり，物流部門を**コストセンター**と

して位置づけます。ここにコストセンターとは，業績評価を目的に原価を集計する組織上の単位を指し，物流部門の管理責任者は原価を一定の範囲内に抑えるという原価責任を課されます。なお，原価責任の対象となる原価は管理者が一定の努力により達成可能な水準に設定し，かつ管理可能な範囲のものに限定します。

さらに，詳細な業績評価を行うためには，物流部門を**プロフィットセンター**として設定します。独立採算制を導入し，物流部門が製造部門や販売部門に有料の物流サービスを提供するとみなし，利益責任を課します。物流サービスを市場価格にもとづいて提供すれば，組織内部に価格競争が導入され，企業全体の効率性が高まります。しかし，企業内部の取引では不要な原価があり，自家物流と大手物流事業者では単純に比較できないこともあります。このような場合には，物流サービスの価格を調整することも必要です。コストセンターでは原価削減が唯一の手段となりますが，プロフィットセンターでは収益増加と原価削減という２つの手段があります。このように会計数値を組織上の権限および責任に結びつけて管理者や部門の業績を評価することを責任会計といいます。

物流活動の効率化や物流費削減を強化するためには，物流部門を分社化した物流子会社も設立されています。とくに，家電業界や食品業界の物流子会社が知られています。独立採算制による物流部門では内部取引の結果として計算上の利益を算定しますが，物流子会社では決算による利益を算定します。しかし，物流サービスの提供先が親会社のみでは企業グループ全体の利益は増加しません。そこで，企業グループ以外にも物流サービスを提供することが物流子会社の目標となります。

このように物流部門の業績評価では，原価管理，利益管理および分社化という３段階があり，自社の製造や販売を効率的にサポートする役割に加えて，企業グループ全体の利益を増加させる役割が期待されています。これまで物流は原価削減の対象とみなされてきましたが，最近では製造や販売とならんで，競争優位の源泉とみなす企業が増えつつあります。

練習問題17-2
以下の資料から物流費を計算しなさい（円未満を四捨五入すること）。

1. 物流費9,000,000円を輸送量にもとづいて算定した場合の顧客別物流費。

顧 客	A	B	C
輸送量	150	200	250

2. 物流費を輸送費（4,000,000円），保管費（2,000,000円）および包装費（3,000,000円）に区分して，それぞれ以下の基準によって算定した場合の顧客別物流費。

顧 客	A	B	C
輸送トンキロ	300	400	300
製品重量	200	200	100
包装材使用量	100	300	200

3. 輸送費4,000,000円を配送（2,500,000円），積み下ろし（1,000,000円），輸送管理（500,000円）の3活動に区分して，それぞれ以下の基準で算定した場合の顧客別輸送費。

顧 客	A	B	C
輸送距離	200	250	350
積み下ろし回数	150	250	100
輸送時間	350	200	150

【解 答】
1. 顧客A　2,250,000円　　顧客B　3,000,000円　　顧客C　3,750,000円
2. 顧客A　2,500,000円　　顧客B　3,900,000円　　顧客C　2,600,000円
3. 顧客A　1,175,000円　　顧客B　1,424,107円　　顧客C　1,400,893円

【解 説】
　顧客別物流費は，一括して算定する方法，機能別に区分して算定する方法，機能を活動別に区分して算定する方法により結果が異なります。また，機能や活動の区分方法や採用する配賦基準によっても結果が異なります。

1．輸送量に応じて下記のように計算します。

顧客A　9,000,000円×150／600＝2,250,000円
顧客B　9,000,000円×200／600＝3,000,000円
顧客C　9,000,000円×250／600＝3,750,000円

2．輸送費は輸送トンキロ，保管費は製品重量，包装費は包装材使用量にもとづいて，下記のように計算します。

(1)　輸送費
顧客A　4,000,000×300／1,000＝1,200,000円
顧客B　4,000,000×400／1,000＝1,600,000円
顧客C　4,000,000×300／1,000＝1,200,000円

(2)　保管費
顧客A　2,000,000×200／500＝800,000円
顧客B　2,000,000×200／500＝800,000円
顧客C　2,000,000×100／500＝400,000円

(3)　包装費
顧客A　3,000,000×100／600＝　500,000円
顧客B　3,000,000×300／600＝1,500,000円
顧客C　3,000,000×200／600＝1,000,000円

顧客A　輸送費1,200,000円＋保管費800,000＋包装費　500,000＝物流費2,500,000円
顧客B　輸送費1,600,000円＋保管費800,000＋包装費1,500,000＝物流費3,900,000円
顧客C　輸送費1,200,000円＋保管費400,000＋包装費1,000,000＝物流費2,600,000円

3．配送は輸送距離，積み下ろしは回数，輸送管理は時間にもとづいて，それぞれ下記のように計算します。

(1)　配送
顧客A　2,500,000×200／800＝　625,000円
顧客B　2,500,000×250／800＝　781,250円
顧客C　2,500,000×350／800＝1,093,750円

(2)　積み下ろし
顧客A　1,000,000×150／500＝300,000円
顧客B　1,000,000×250／500＝500,000円
顧客C　1,000,000×100／500＝200,000円

(3) 輸送管理

顧客A　500,000×350／700＝250,000
顧客B　500,000×200／700＝142,857
顧客C　500,000×150／700＝107,143

顧客A　配送　625,000円＋積み下ろし300,000円＋輸送管理250,000円
　　　　　　　　　　　　　　　　　　　　　　＝輸送費1,175,000円
顧客B　配送　781,250円＋積み下ろし500,000円＋輸送管理142,857円
　　　　　　　　　　　　　　　　　　　　　　＝輸送費1,424,107円
顧客C　配送1,093,750円＋積み下ろし200,000円＋輸送管理107,143円
　　　　　　　　　　　　　　　　　　　　　　＝輸送費1,400,893円

●参考図書

　ここに挙げた書籍は，最新のものばかりではなく，原価計算を学ぶうえで知っておいてほしい「古典」ともいうべき書籍も多く列挙されています。
　大学図書館にはたいてい置いてありますので，ぜひ手に取ってみましょう。

◇青木茂男『原価計算論』税務経理協会，1955年。
◇浅田孝幸『テキスト原価計算入門』中央経済社，2011年。
◇上埜進編著『工業簿記・原価計算の基礎』税務経理協会，2009年。
◇太田哲三・黒澤清ほか『解説原価計算基準』中央経済社，1963年。
◇太田哲三・中西寅雄ほか『原価計算基準詳説』同文舘出版，1963年。
◇岡本清『原価計算（六訂版）』国元書房，2000年。
◇小川洌・小澤康人編著『原価会計の基礎』創成社，2004年。
◇加登豊『インサイト原価計算』中央経済社，2008年。
◇河田清一郎『図解原価計算論』清文社，2002年。
◇木島淑孝『原価計算制度論』中央経済社，1992年。
◇小菅正伸『原価会計の基礎』中央経済社，2007年。
◇櫻井通晴『原価計算』同文舘出版，2017年。
◇佐藤康男・福田淳児『原価計算テキスト』中央経済社，2006年。
◇渋谷武夫編著『スタディガイド工業簿記』中央経済社，2008年。
◇清水孝・長谷川惠一・奥村雅史『入門原価計算（第2版）』，中央経済社，2004年。
◇西澤脩『研究開発費の会計と管理（4訂版）』白桃書房，1986年。
◇西村明・小野博則・大下丈平編著『ベーシック原価計算』中央経済社，2010年。
◇廣本敏郎・挽文子『原価計算論（第3版）』中央経済社，2015年。
◇宮本寛爾『原価計算の基礎』税務経理協会，1996年。
◇三代澤経人・柳田仁監修・日本原価管理士会編『新版工業簿記の基礎』同文舘出版，2012年。
◇森本和義『ドイツ原価計算研究』同文舘出版，2015年。
◇門田安弘『原価計算（第2版）』税務経理協会，2002年。
◇柳田仁・竹森一正・大迫充弘『原価計算教室』中央経済社，2011年。
◇柳田仁編著『3訂版　会計の基礎ハンドブック』創成社，2017年。

〔問題集〕
◇岡本清・廣本敏郎編著『検定簿記ワークブック（2級・工業簿記)』中央経済社，最新版。

◇岡本清・廣本敏郎監修『段階式日商簿記ワークブック・2級工業簿記』税務経理協会,最新版。

索　引

あ　行

移動平均法……………………36
営業費………………………183
AAA……………………………4
ABC…………………………192

か　行

買入部品費……………………14
外部活動………………………2
外部材料副費…………………34
価格差異……………………155
加工進捗度……………………84
加工費…………………………82
勘定科目法…………………177
勘定連絡図………………28, 31
間接経費………………………54
間接費…………………………16
管理会計目的…………………6
管理可能費……………………17
管理不能費……………………17
期間原価………………………12
機能別分類……………………15
休業賃金………………………45
給付……………………………24
給料……………………………14
区間固定費……………………16
組間接費……………………101
組直接費……………………101
経営の基本計画………………5
計画と統制……………………5
経済価値………………………9
継続記録法……………………35
継続製造指図書………………25
月末仕掛品………………83, 84
原価管理…………………4, 139
原価計算期間…………………24
原価計算基準……………2, 6, 21
原価計算制度…………………19
原価計算単位…………………24
原価差異………………………4
原価標準……………………140
研究開発原価計算…………185
研究開発費…………………184
現実的標準原価………………12
減損……………………………93
工業経営…………………1, 2
貢献利益……………………171
工程…………………………109
コストセンター……………194
コスト・ビヘイビア………177
固定費……………………16, 143
固定費調整…………………175
固定費率……………………143
固定予算……………………143
固変分解……………………177

さ　行

財貨……………………………9
最終給付………………………9
財務会計目的…………………6
先入先出法………………36, 90
サプライチェーン…………190
三分法………………………160
CVP 分析……………………178
事後原価計算…………………19

自社払物流費	190	棚卸計算法	35
事前原価計算	19	棚卸減耗	35
仕損	100,129	棚卸減耗費	54
仕損費	100,130	中間的給付	9
実際原価	12	中性費用	11
実践規範	21	調達価額	3
従業員賞与手当等	14	直接経費	54
自由材	9	直接配賦法	71
シュマーレンバッハ	4,11	直接費	15
仕様書	25	賃金	14
消費賃金	47	テーラー	4
正味現在価値法	186	手待賃金	45
消耗工具器具備品費	14	等価係数	105
シングル・プラン	147,148	等級製品	105
数量差異	155	当月総製造費用	106
正常減損	93	特殊原価	20
正常減損度外視法	94	特定製造指図書	25,123,124
正常減損費	93,94		
正常減損非度外視法	94	**な 行**	
製造原価報告書	25	内部活動	2
製造指図書	25	内部材料副費	34
製造部門	67	二分法	160
製品原価	12	能率差異	158
積数	105		
セグメント別計算	192	**は 行**	
前工程費	110	パーシャル・プラン	147
全部原価	13	配賦	125
操業度	16	配賦計算	57
操業度差異	158	非原価項目	10,94
相互配賦法	71	費用効果分析	186
総平均法	36	標準規格品	81
素材費	13,14	標準原価	12
損益分岐点	179	標準原価計算	19
		標準消費量	141
た 行		標準配賦率	142
第1次集計	69	非累加法	110,111
第2次集計	71	付加原価	11

物流原価計算……………………191
物流コスト算定・活用マニュアル……191
物流サービス……………………193
物流費……………………………189
部分原価……………………………13
部門………………………………67
部門共通費………………………68
部門個別費………………………68
部門別個別原価計算……………124
プロジェクト……………………186
プロフィットセンター…………194
平均法……………………………87
変動製造マージン………………171
変動費…………………………16,143
変動費率…………………………143
変動予算…………………………143
法定福利費………………………15
補助部門…………………………68

ま 行

マーケティング・コスト………184

や 行

予算…………………………………5
予算差異…………………………158
予定価格法………………………41
予定配賦率………………………58
予定平均賃率……………………48
予定（見積）原価計算……………19

ら 行

理想的標準原価…………………12
累加法………………………110,111
ロジスティクス…………………190
ロット………………………123,124

≪編著者紹介≫

柳田　仁（やなぎた　ひとし）

昭和50年早稲田大学大学院商学研究科博士課程修了。
名古屋学院大学教授，神奈川大学教授，諏訪東京理科大学教授を歴任。神奈川大学名誉教授。
〔主な著書・論文〕
『原価計算教室』（編著），『ドイツ管理会計論』，『国際経営会計論：ドイツならびにアメリカ・日本の比較研究』（すべて中央経済社）ほか多数。

原価計算ガイダンス〔第2版〕

2013年1月10日	第1版第1刷発行
2017年5月10日	第1版第4刷発行
2018年9月20日	第2版第1刷発行
2025年3月30日	第2版第5刷発行

編著者　柳　田　　　仁
発行者　山　本　　　継
発行所　㈱中央経済社
発売元　㈱中央経済グループ
　　　　パブリッシング

〒101-0051　東京都千代田区神田神保町1-35
電　話　03(3293)3371(編集代表)
　　　　03(3293)3381(営業代表)
https://www.chuokeizai.co.jp
製版／東光整版印刷㈱
印刷・製本／昭和情報プロセス㈱

©2018
Printed in Japan

＊頁の「欠落」や「順序違い」などがありましたらお取り替えいたしますので発売元までご送付ください。(送料小社負担)

ISBN978-4-502-27871-6 C3034

JCOPY〈出版者著作権管理機構委託出版物〉本書を無断で複写複製（コピー）することは，著作権法上の例外を除き，禁じられています。本書をコピーされる場合は事前に出版者著作権管理機構（JCOPY）の許諾を受けてください。
JCOPY〈https://www.jcopy.or.jp　eメール：info@jcopy.or.jp〉